「中小企業の味方」ASF社代表によるIT音痴のための入門

ITって インターネットの ことじゃなかったの?

髙橋栄一

ASF社
(株式会社アドバンスト ソフトウェア・ファクトリー)
代表取締役

文芸社

◎はじめに

この本を書こうと思い立ったのは、日常の業務のなかであまりにも「もったいないなぁ……」と感じることが多かったからでした。

わたしはいわゆる「ＩＴ関連ベンチャー企業」の経営者をしていますが、商売柄「ＩＴ」だとか「インターネット」「パソコン」という言葉を聞くだけでアレルギーを感じる人が非常に多いのを目の当たりにしてきました。

「ＩＴ」や「パソコン」はあくまでも道具であり、インターネットはひとつのメディアでしかありませんが、紙やペンといった道具や、テレビ、雑誌といったメディアと比べると、確かに扱いが難しい面があります。操作が難解だったり、原因不明ですぐにおかしくなったり、インターフェース（人と機械の接点となる部分。パソコンではモニターやキーボード・マウスなどのこと）がまたわかりにくかったりと、従来の道具やメディアでは考えられないほどとっつきにくいものであるのは確かです。特に、年配の方々にはそうだと思います。（正しく使うために使い方の勉強が必要な道具なんて、考えにくいですよね）

しかしアレルギーを感じる多くの人は、上辺だけ捉えて毎日強迫的な響きで報道するメディアの論調――まるで「ＩＴできなきゃ生き残れない」といわんばかりの――に、意固地になってしまっているような気がしました。苦手だからしたくないけど、しなきゃならないとは強く感じている。ゆえにかえって頑なになってしまっている……。

テレビ番組には広告スポンサーがいます。ＣＭだけではなく、番組の多くも「タイアップ」と呼ばれる広告色の強いものが多いので、テレビはスポンサーの都合が色濃く反映します。当然、新しく、かつイチオシの商品「ＩＴ関連」を売るための内容になりがちです。世の中全体がＩＴを啓蒙しているかのようなムードになっています。

政府も21世紀の日本経済の切り札として、日本を世界一のＩＴインフラ国家にする計画を推進しており、よりＩＴ色の濃い世界になることは間違いなさそうですが、別に慌てることはありません。気軽に、少しずつ慣れていけばいいのです。

実際慣れてくれれば、老若男女誰にも有効な用途が多々あり、まんざら悪いものではありません。非常に楽しいものです。実際、かなりの年配の方々がインターネットを趣味で利用することによって、別人のように活き活きとする例もわたしは沢山見てきました。

本書が、入り口で戸惑っている方々のＩＴアレルギーを、少しでも軽減できれば幸いです。

平成13年10月

髙橋　栄一

もくじ

はじめに

【1章】当社のあらまし

筆者はこんな人間です

企業理念は「仕事で遊び、かつ顧客満足度を最大限に高める」こと

【4章】ケース別IT化成功の秘けつ

ホームページ制作／運営の実例

ビジネスツールもスピードの時代

ＩＴで登場するさまざまなビジネス

【5章】21世紀に求められる物とは？

到来するブロードバンド時代

ブロードバンド時代はどんな世界になるのか

中小企業はブロードバンド時代にどう対応していくか？

ベンチャー企業予備軍へのメッセージ

当社&筆者のビジョン

アドバンスト・ソフトウェア・ファクトリー会社案内

おわりに

【1章】

当社のあらまし

筆者はこんな人間です

●好奇心旺盛だった子供時代

当社の創業（前身）は１９８８年。大学生の時に仲間うちで始めたゲーム作りが下地になっています。今年で創業13年目ということになりますが、その間にはさまざまな紆余曲折がありました。

まずは、この本を書いているわたしがどんな人間か知って頂くところから始めたいと思います。

わたし、高橋栄一は昭和41年7月20日、東京の下町・浅草に生まれました。幼いときから好奇心旺盛で口が達者でした。当時の話を親などから聞くと、今の自分の下地になっていることがよくわかります。今こうした仕事をしているのがもっともと思えるエピソードが数多くあります。

たとえばケーキなどを買っていたお店の従業員の人たちと仲良くなって、喫茶店と一緒になっている厨房に勝手に入り込んだり、おもちゃ屋さんで見知らぬ同年代の子に声をかけて友達になったりなどということもありました。興味を持つと戸惑わずすぐに行動するタイプでした。

こうした活発さは外向的な面にだけ向けられず、すでに興味の高かった機械類にも反映されていました。時計やおもちゃなどを、ドライバー片手にすぐに分解してしまい、後で元に戻せなくなって叱られたりしていました。

職人の父と、外交的で闊達だった母、両方からそれぞれ影響を受けているのがわかります。

●パソコン&ゲーム黎明期に育つ

中高生当時はＴＶゲームの黎明期で、今では懐かしい「インベーダーゲーム」が大流行していました。当時は今のような高性能な家庭用ゲーム機などほとんどなく、面白いゲームがしたければゲームセンターに行ってやるしかありませんでした。今でこそ誰もが気楽に遊びに行けるゲームセンターですが、その当時のゲームセンターは不良の集まる場所。少し怖そうなイメージですが、わりと物おじしない性格だったのと、ゲームやりたさで、夢中になって通った記憶があります。

コンピューターに初めて触れたのは中学生の頃で、友だちが手に入れたものを使わせてもらい、すぐにその楽しさに夢中になりました。

高校生になると自分のパソコンを手に入れて、さまざまな「実習」を始めました。学校の授業はどちらかというと嫌いなほうでしたが、教科書に載っていることを暗記するのではなく、遊びながらコンピューターを体得していくのは非常に楽しい作業でした。このとき、結果的に「実習」した数式などが、その後自然にプログラムを覚えたりする下地になっていると思います。ただ覚えなければならないことを記憶するのではなく、実際に目で事象として見て、驚きや感動を覚える。自分の頭で考え、工夫し、新しい発見をする。今でも学校の「教育」というのは楽しくないものだなぁ、と感じていて、大いに疑問があります。

この頃から感じていたことが、後に講師をやらせたりしたのだと思います。

さて、次第に市販のゲームに飽き足らなくなったわたしは簡単なプログラムを覚え、自らゲーム作りをするようになっていきました。そして、まだゲームを作れる人間が少ない時代だったため、大学へ進学する頃には、次第にゲーム作りのアルバイトが入るようになっていきました。

このあたりの、好きなことに没頭しているうちに、それが次第に仕事になっていくパターンはその後も変わらず、今に至るまで続いています。何でも面白いことがあったらとりあえずやってみて、そこから拡げて仕事化していくというパターンが続いています。

●「面白い」会社がないから就職しなかった

大学はコンピューター関係に強い某有名大を受験しましたが、残念ながら必須科目だった物理が苦手だったため失敗し、親に浪人は許さないといわれていたこともあって、ひとまずコンピューター関係の専門学校に入学しました。しかし、大学にどうしても入学したくて、翌年、化学専攻で入学し直しました。

この大学時代に、前述したようにゲーム作りが本格化し、さまざまなゲーム関係企業から仕事を受注するようになりました。

そうこうしているうちに学生時代も終わりに近づき、周囲が就職のために奔走し始めました。

当時はちょうどバブル真っ盛りですから、就職は完全な売手市場でした。企業が人手欲しさから入社前に温泉や旅行に連れていってくれるような時代です。しかし、わたしには当時入りたいと思える会社がありませんでした。今では日本企業もだいぶ変わったようですが、当時の日本はまだ学歴偏重の非能力主義社会で、またユニークな資質の人間が軽侮されるような風潮がありました。わたしは前述のようにとにかく面白いことをやりたい、そしてそれを仕事にしたい、と考えるタイプでしたから、その状況にはそぐわなかったといえるでしょう。

したいことは、コンピューター関係でモノ作り―とりわけゲーム作り―をすることと決まっていましたが、もうひとつ、教師という仕事にも魅力を感じていました。そこで、ひとまず高校で理科の非常勤講師を始めました。同時に、ソフト関係の会社でアルバイトしたり、フリーランスという形でソフト開発の仕事も受けていました。

独立へ向けて着々と準備しているように感じられる人もいるかもしれませんが、当人はさほどそうした意識はありませんでした。興味のままにしている行動が、自然に明日を生み落としているような感じです。

また、このときの講師体験も、いろんな意味で現在の財産になっているように思います。

●不良講師は生徒には人気者

わたしの講師時代、まず意識したことは「教える」のではなく「伝える」ことでした。それが、わたしが「教わる」側だったときに無意識に望んでいたことなのかもしれません。

壇上から「教える」のなら、相手が理解していようがいまいが一方的に話せばいいわけですが、「伝える」にはコミュニケーションが必要です。ゆえに、授業もひとつのエンターテイメントとして捉え、いかに楽しく話を聞いてもらい、興味を持ってもらうかに気を使いました。そのために、1時間の授業に対する準備に半日以上かけたりしていました。

そんなことをしていたのは、まず、そのほうが自分が楽しいからです。その結果、生徒も楽しんでくれました。生徒の成績が下がるというようなこともありませんでした。楽しく学べるほど苦なく自然に覚えられる気がします。

こうした「教えるより伝える」という考え方は、今、会社で従業員を教育する際にも変わりません。

また、生徒とはよく遊びました。放課後、みんなと駄菓子屋さんに行ったりもしていました。そのときには、さすがに後で学校に叱られましたが……。

ほかに食いぶちがあったので、強気で好きなようにやれたというのもあるかもしれません（笑）。

なにも「今の教育に物申す」的に日本の教育現場を批判するつもりはありませんが、やはり随分と型にはまっていて楽しくないものになっているなぁ、と思います。わたしには子供がいるのでこの手のことはよく話題になります。

遊ぶなかで、楽しくさまざまなことを勉強できたら、不登校やいじめだってだいぶ減る気がします。これはそんなに難しいことではありません。一番必要なのは、学校や先生たちの意識改革でしょう。

子を持つ親として、よりよい教育のシステムについても、仕事で関わっていけたらいいと思っており、今後のビジョンとしても考えています。この点は5章で触れたいと思います。

●事業本格化は自然な流れで

そうこうして月日が流れるうち、本業（？）の受注がどんどん増えていきました。それに伴い、平成6年4月に株式会社化しました。「前身」として捉えれば、フリーランスという形で継続しながらさまざまなことを試し、自然に少しずつ拡大してきたので、学生時代に創業していたことになります。

数年前まで3、4人程度だったスタッフも、外部スタッフを含めると現在は50人以上になりました。また同様に若い起業家たちとのネットワークもでき、協力しあって大きなプロジェクトを請け負うということも増えてきました。仕事が増えたのは、ほとんどが人の紹介によってです。もちろん営業もしましたが、お客さんがお客さんを呼ぶ、その繰り返しでした。利益の出ない仕事もずいぶんやりましたが、結果的に損をしていないわけです。

さて、ベンチャー企業がこうした状態になると、すぐに上場を意識するようですが、私はさほど意識はしていません。必要となれば上場も考えますが、「最年少で上場」とか、マスコミや証券会社に踊らされて失敗したベンチャー企業の例は、数限りなくあります。上場のために会社をやっているわけではないですし、身の丈に合ったやり方で、できるだけ楽しみながら仕事をしていくことが重要だと思っています（もちろん、食べるために、時には嫌な仕事や割に合わない仕事もありますが）。

今の日本は、さまざまな「膿」が出ている時期にあるような気がします。さまざまな点で、意識改革が求められているのではないでしょうか。目先の利益だけですべて判断する風潮にも、変化が起きつつあります。

企業理念は「仕事で遊び、かつ顧客満足度を最大限に高める」こと

●企業の何よりの財産は人

ここでは、当社の企業理念およびわたしの経営者としての理念を記させて頂きます。

まず、企業の財産についてですが、これは何といっても「人」です。スタッフであり、顧客です。

昨今はリストラという言葉もすっかり耳に馴染んできましたが、わたしは安直なリストラには疑問があります。もちろん企業ごとに事情はあるのでしょうが、財産や資源を安易に捨ててしまって、その企業に本当の意味での繁栄はあるのでしょうか？

その企業はその人の持てる可能性をとことん引き出したうえで、リストラすることを決めたのでしょうか？　経営者はベストな人材活用をしていたのでしょうか？　とてもそうは思えない例があります。

また、ごく単純な意味での「合理化」は、長い目で見たら少しも合理化になっていない場合が多々あります。特に中小企業では、個人的な「好き嫌い」で判断を下してしまうことも見受けられます。人間、それはつきものではあるでしょうが、それでは経営者としては失格です。そうはいってもわたし自身もこれまで数々の失敗をしてきましたが……。

きれいごとではなく、企業にとっての人の価値というものは本当に高いものです。顧客でも同様です。前項でも記しましたが、目先の利益が出ない仕事でも断ったり手を抜いたりしないことで、人の信頼を勝ち得、当社も成長してきました。こうしたことは、ＩＴであっても、そうでなくても変わらないと思います。相手が企業でも、最終的に判断し決定するのは人ですから。

こうした点が見過ごされやすくなっている気がします。

●持てる資源をフル活用する

モノを作る仕事では、人という財産以外に大切な資源があります。まずは技術です。しかし技術は、それを駆使する人の側に最低限の資質があれば後からついてきます。大切なのは、資源をどれだけフルに活用できるかです。

資源の可能性は、無限大といえるほど大きくあります。後ほど触れますが、当社では資源からこれでもか、これでもか、とばかりにその持てる可能性を引き出していきます。それがコスト削減にも繋がっています。

前述した通り、人という、財産であり、かつ資源であるものはもっとも重要です。それに加え、すでに持っているもの、たとえば以前にした仕事で得た資源を最大限活用することが重要です。

たとえば、企業は企画したプロジェクトがすべてうまくいくわけではありません。うまくいかなかった場合に、そこで生産したものをただ止めてしまうか、他のプロジェクトと関連させて蘇生させるか、また視点や切り口を変えてちょっとした点を変えてみるかなど、選択の仕方で無駄になるコストはまったく違ってきます。

当社でも、実際それだけで、それまでまったく活きていなかった企画が稼動した例が沢山あります。

「人」という財産同様、資源についても発想をさんざん変えてみて、潜在的に持っている可能性をとことんまで引き出してみない限り、宝の持ち腐れになりかねないのです。

また、そこで捨ててしまったら、もしかしたら大事な宝物を捨ててしまっていることになるかもしれません。

●経営者はトップセールスマンでなくてはならない

中小企業の経営者には遊んでばかりいる人が結構見受けられますが、そんな会社は120％やっていけない時代になりました。

ここでいう「遊び」とは、5章で述べる「仕事で遊ぶ」という意味での「遊び」ではありません。ただ遊びほうけているという意味です。

また、いくらモノ作りが好きだからといって、経営者が現場にばかりいては会社は成長しません。スタッフの持てる力を最大限に引き出し、まとめ、自分は常に社会に出て人と話していなくてはなりません。

メディアが報じるニュースは、大きな規模でものを考えるのには向いていますが、生の情報とは、ずれていることが多々あります。常に多くの人と話し、実際のビジネスや生活の現場で何が起きているかを肌で感じている必要があります。

また、社長である場合、率先してセールスマンでなくてはなりません。いうまでもないことですが、営業はストレスもかかり、体力も必要できつい仕事です。限られた時間の中で、常に適確にプレゼンテーションする力も求められます。これを、経営者が率先してやらない会社は成長しません。

特に、当社のようなモノを作ることを業務としている場合、クリエイターはいわば職人ですから、営業の得意なタイプは比較的少ないものです。営業専門の人材もいますが、経営者は見本とならなければなりません。また、顧客の状況などの大切な情報も、多くの場合営業マンに入ってきます。そうした情報を常に仕入れながら、ビジネスの現場を肌で感じている必要があります。

わたし自身もどちらかというと技術者（職人）タイプであり、いわゆる営業は苦手な方ですが、人と接すること、話をすることは大好きで、来てほしいといわれれば、都合をつけてできるだけ早く訪問するようにしています。

●本当にニーズのあることをやる

これまで、インターネットを代表としたＩＴ関連業界は、黎明期だった（まだその状況が続いていますが）ことから、ずいぶんと身元の不確かな企業が参入してきました。まったくノウハウを持たない企業が、根拠なく「これからはＩＴが儲かる！」的になだれ込んできました。

こうした企業は、クライアントがＩＴをよくわかっていないことにつけ込み、言葉巧みに契約し、実質的なサービスの中身は何の役にも立たないものだったなどということがありがちでした。

しかし、こうした企業は当然行き詰まっています。ニーズのない、人の役に立たないことを言葉巧みに売り付けても長続きはしません。クライアントだっていつまでも契約を延長したりはしませんし、悪い噂も立ち、結局自分の首を絞めることになります。本当にニーズのあることをするしかありません。それが信頼に繋がり、前述したような、お客さんがお客さんを紹介してくれるなどということが起こるのです。

もちろん、ただ真面目にやるだけでうまく行くほど世の中甘くはありません。本当にニーズのあることを探るために、好奇心を持って、いつも広範囲にアンテナを張っていることが不可欠です。そのうえで、いつも人が何を求めているかを考えていなくてはなりません。何か思いついたら、充分かつ迅速に関連した情報を集めて、実行に移すか検討します。すぐに行動に移すことは大切ですが、思いつきだけで行動してしまうのは大怪我のもとです。思いついた「アイデア」を現実的な「企画」に育てなければなりません。この時点で迅速に判断するためにも、常日頃からの情報収集が重要になってきます。

●スタッフも顧客もパートナーとして

当社では、若いスタッフがわたしに言いたいことを言います。はたから見れば「社長と社員」が話しているようには見えないかもしれません。もちろん重要な場面での最終的な決定権はわたしにあるのですが、上下関係を意識して自由闊達な議論ができない社風からは、自由な発想は出てきません。また、それでは本当の意味での信頼関係も築けないと思っています。

お金を「払う側」「貰う側」という意識ではなく、ビジネスパートナーとして捉えています。当然ですが、「払う側」にとっても労働力は貴重な財産ですから、お互いに必要な存在です。これに上下関係があるのが、そもそもおかしいと思っています。

こうしたパートナーシップは、会社と会社の間でも同様です。

先に「顧客を大切にする」と書きましたが、当社は「お客さん」に対しても、遠慮せず言いたいことを言うようにしています。その結果、当社の売上げが少なくなってしまう場合でも、より顧客サイドに立って考え、その中で当社では何ができるかを考えています。

なかなか言いたいことが言えるものではないと思われるかもしれません。当社も、お客さんに「言いたいことを言う」と笑われることがあります。しかし、それが長い付き合いのできる、本当の信頼関係を作ると思っているからそうしています。もちろん、ただ怒って文句を言うのではないから信頼関係が成立するわけですが。

そうして顧客（または潜在顧客）のニーズを汲み取り、それを満たすためにいつも頭をひねるということが、顧客満足度の向上に寄与します。ここまで書いたことすべてが、最終的には「顧客満足度の向上」に繋がっていきます。そして、この「顧客満足度の向上」こそが、現在から将来のビジネスを左右するキーワードでもあります。これを怠る企業はもはや生き残れないだろうといわれていますが、日本は今まで「商売人」主導でビジネスが行われてきました。それが近年急速に変化してきたため、企業側はまだまだ対応しきれていません。ここをどんどん突いていけば、特化できる可能性があるということです。

　時代としても、もはや「偉い人のご機嫌を伺っていれば仕事が貰える」などという時代ではなくなってきました。確かに不況は不況できついでしょうが、わたしはこの点ではいい時代になったと思っています。本当にニーズのあることをやったうえで、いいパートナーとして仕事ができれば、逆に確実に生き残れる時代になったともいえるのですから。

【２章】
ＩＴってインターネットのことじゃなかったの？

そもそもＩＴって何なの？

●ＩＴは情報を有効に利用するための道具

テレビや新聞、雑誌などのメディアに毎日のように登場する「ＩＴ」という言葉。日本政府も国をあげて日本を世界一のＩＴ国家にする「ｅ-Ｊａｐａｎ」（http://www.kantei.go.jp）構想を推し進めています。

ところで、よく耳にするこの「ＩＴ」とは、そもそも何のことなのでしょうか？「バカにするな」と思う方がいるかもしれませんが、実は実態がない、また把握されていないのが案外現状に近いところだと思います。ＩＴ＝インターネットの略と思っている方も決して少なくないのが実際のところです。事実、一般的にはインターネットを指すことも多く、またインターネットはＩＴの重要な部分であるのもまた事実です。

ITとは「Information Technology」の略で、直訳すると「情報技術」ということになります。では「情報技術」とは何なのでしょうか？

実はこれといった明確な定義はありません。情報、というよりもデジタルデータを効率良く収集、選択し、ビジネスや生活に役立てていくための技術を広くこう呼ぶといった感じに捉えておけばよいと思われます。

ITのキーワードになるのは「ネットワーク」です。「ネットワーク」とは、いってみれば点と点を線に繋ぐこと。孤立していた点を繋ぎ、情報を共有することでさまざまな効果をもたらします。

例えば、遠く離れた場所にある支店や支社同士を、売上げの状況や売れ筋商品の把握、在庫状況、仕入などのさまざまな情報を共有できるようにネットワーク化し、コスト低減を図り、同時に生産性を向上させることができます。インターネットは非常に低コストでネットワークを利用できるひとつの方法ですが、独自に自社専用の「専用線」を敷設したり、携帯電話を利用することでネットワーク化する方法もあります。

何やらちょっと難しそうで大袈裟な感じですが、沢山のお金がかかるとは限りません。ビジネスのタイプや規模によってさまざまで有効な利用法があります（3章以降で詳しく紹介します）。

もしもITの意味を理解していなかったからといって、気にすることはありません。大切なことは、どうわかっていなかったかを理解することです。それを把握できれば解決策が生まれます。

また、実際には今でも「IT」以前に、パソコンに触れたことのない人も沢山います。派手な謳い文句と現実にはだいぶズレがあります。これから始めてもまったく遅くはありませんが、今後は本当に万人にとって無関係なものではなくなっていきます。とりわけ、ビジネスする側の立場にいる場合、無視できる時代ではなくなっています。

前述した「e-Japan」構想とは、2005年までに日本を世界一のITインフラ国家にしようとする構想で、政府の「ＩＴ戦略会議」で論議されています。

具体的には、最も不便なサービスの代表格である「お役所仕事」を便利で開放的なサービスにする「電子政府・電子自治体構想」や、日本の全世帯のブロードバンド化などを推進しています。これはよくある「絵に描いた餅」的な構想ではないため、わたしたちの仕事や生活に深く関わってくるのは間違いありません。ＩＴを正しく理解して、どう生活やビジネスに役立てていくかを考える必要があります。

間違いだらけのIT化

●これからが本番のIT化

インターネットの普及ペースがあまりに遅かったことから、最近では一部に日本のIT化を疑問視する声も出始めています。確かに華々しくマスコミに登場し、騒がれるようになったのがもう5～6年も前のこと。日本のインターネット普及が遅々として進まない間に、アメリカやお隣の韓国では完全に一般化しました。その間、インターネット関連を筆頭に無数のIT関連ベンチャー企業が現れ、消えていきました。一時は異常ともいえるほどIT関連企業の株価が高騰し、当然のごとくその後暴落しました。

この状況を見て「日本は海外とは違い、ITは根付かない」「ニーズがない、少ない」などの声が出始めていますが、そう判断してしまうのは尚早というものでしょう。「ITバブル」ともいえる状況がひと段落した現在こそ、本格普及期に入ったと見るべきです。

日本のIT化を遅らせたのには、電話料金の高さなどさまざまな要因がありますが、長引く不況からくる閉塞感が、IT関連市場に過剰な期待を持たせてしまった点も見逃せません。期待感を持てる株がほかになかったことからIT関連株に投資が集中し過ぎ、そのペースに実際が追いつかなかっただけ、という部分があります。「IT狂想曲」に踊らされなかった多くの企業は着実に業績を伸ばしています。大企業の社内的な部分から始まり、一般ユーザーのインターネット利用度も着実に増えていきます。前述のように高度なインフラが安く提供される今後は、中小企業や今までとは違う一般ユーザーのIT利用がより促進されていくと見るほうが自然でしょう。実際、年配の方々向けのパソコン入門マニュアルなどがよく売れています。日本のIT化はようやく始まったところだといえます。

●「やり方」がまずかったこれまでのIT化

「ニーズがない」「効果がない」との判断が早合点である場合、そうなってしまう最も多い原因は「何をしたか」だけを見て「どうしたか」をよく見ていない点です。

例えばこれを「お店の宣伝用にホームページを作ったのにまったく効果が出ない」というケースに当てはめてみます。「ホームページを作った」のは「何をしたか」というアクションですが、同じようにホームページを作った別のお店は効果が出ているということはよくあることです。この場合、インターネット自体やホームページを作ったことに問題があるわけではなく、ホームページの作り方に問題があるのだということはおわかり頂けると思います。どんなホームページを作ったか、そこで結果が変わっているわけです。市場自体の成熟度の低さももちろんありますが、「よい」ホームページを作ったのに効果が出なかった場合に、初めて「ホームページを作ったのに効果が出ない」ということになります。

では「よい」ホームページとはどんなホームページなのでしょうか？　詳しくは後述しますが、基本的には「インターネットの特性に合致している」「日本のインターネットユーザーに合致している」「自社の目的に合致している」「自社のターゲットに合致している」などが「よい」ホームページです。そうしたホームページは、日本ではまだまだ少ないのが現状です。それは、ある意味では仕方のないことでした。インターネットユーザーも少なく、かつ利用度も低く、さらに社内のIT化も大企業中心という状況では、実のところコンサルティングする側もどうすればいいかよくわかっていなかった部分がありました。また「インターネットは儲かる」ということで、本当のプロでない企業が沢山入り込んできて、ホームページ制作の注文を受けていた、という実情もあります。また、信頼できるプロに依頼したくてもどこに依頼すればいいのかわからず、安く引き受ける知人に依頼してしまうというケースもあったと思います。

これらすべての面で、ようやく成熟しつつある日本のIT化。「何をやるか」ではなく「どうやるか」を意識してアクションする時期に入っています。

中小企業のIT化の間違い

●インターネットは「魔法の箱」じゃない

ホームページ制作を例にとり、日本のIT化の誤解について説明しましたが、さらにもう少し具体的に説明していきます。まずは中小企業のITへの誤解から。

「何をするか」以上に「どうするか」が重要であり、また過剰な期待感は誤解を生むということはすでに記しましたが、大前提として「ITとは何か」を知っておく必要があります。非常に大まかなことは先に記しましたが、何よりITが単なるツール—道具—であることを認識しておかなければなりません。とりわけ余裕のない企業はITを運命を変える何かのように錯覚してしまうことが多々あります。インターネットでは特に顕著ですが、インターネットは新聞、雑誌、チラシなどの紙媒体やテレビ、ラジオなどの電波媒体同様、あくまでひとつのメディアでしかありません。もちろん、結果的に運命を変えるほどの変化をもたらすこともありますが、ひとつのメディアとして認識することが重要です。モノを売るひとつの場所であったり、宣伝するためのターゲットにリーチするひとつのポイントとして捉えずに、過剰な期待をすると間違いの元になります。顧客に接触する手段が、ひとつ増えたに過ぎないのです。ほかのメディアとの違いをよく認識し、その特性を上手に活かせば、自社に合った利用法は必ずあります。

●ホントにIT化が必要なのか?

この本ではITを導入することを前提に話を進めていますが、すべての企業にIT導入が今すぐに必要とは限りません。数年内には日本もかなりのIT先進国になっているはずですから、できる範囲から徐々に進める必要はありますが、何も今すぐに急いで取り組む必要のある業務内容ばかりではありません。

インターネット黎明期の5～6年ほど前、大企業のホームページはみな「作っておかないとカッコつかないから」的な内容の物がほとんどでした。どうみても予算の無駄遣いに見えましたが、最近では中小企業でもこうした傾向が見られます。「この業務内容でなぜホームページが必要なのか？」と思うものがよくあります。それだけインターネットが一般化してきた証拠ではあるのでしょうが、大企業と違い「一応作る」ほど余裕のある企業は少ないはずです。インターネットに限らず、社内ネットワークの構築にしても、導入前に入念な検討がないと、せっかくの投資も無駄になってしまいます。

●予算がないからといって素人が担当してしまう

投資が無駄になっているケースに「予算を惜しむ」という、一見矛盾している現象がよくあります。

通常、中小企業はさほど余力がないため極力予算を抑えたいのは当然ですが、予算の「抑え方」を間違っている場合が多いのです。ここでも「やり方」が問題になるわけです。

ホームページをただ制作してインターネット上にアップするだけなら、誰にでも簡単にできます。誰にでも使えるホームページ制作ソフトが安価で多数出回っており、まったくの門外漢でも少し勉強すればできてしまいます。すると予算を抑えたいために、社内の比較的若い人を見つけて担当させてしまうなどということが起こります。

制作ソフトは鉛筆と紙のような道具でしかありませんから、そこに描く絵が重要なのです。鉛筆と紙なら誰でも使えますが、質の高い絵を描ける人の比率は非常に少なく、質が高くなければ評価は得られません。専門のプロフェッショナルな人間が担当しない限り、誰も見てくれないような物しか作れないのはいうまでもありません。

また、割安で請け負う企業もありますが、安さには限界がありますから、それなりの物しか作れません。要求が大きく予算がないとなると、どこかでコストを抑えなければならなくなります。当然、全体のクオリティは下がります。破格に安く請け負う企業にはそうできる理由があります。プロであるほどそれなりの予算がかかるのです。効果のまったくない物を10万円で作るより、効果の高い物を20万円で作ったほうがいいに決まっています。予算を抑えるために、「とにかく安く」ではなく「どこを抑え、どこに使うか」の見極めをして、文字通り「コストパフォーマンスの高い」物を目指すことが重要です。

大企業のＩＴ化の間違い

●目的が後で予算が先という矛盾

インターネット黎明期には、大企業のホームページは予算の無駄使いに思えるような物ばかりだったことは前述しましたが、最近はだいぶよくなってきました。とはいえ、明日の日銭が重要である中小企業と比べると、その取り組み方は随分ノンビリとしたものです。そうした無駄を減らせば、どれだけリストラする人数を減らせるかわかりません。

まず、予算が取れるから担当部署を設けて人員を配備し、それから何をするか決めていくという手順が多いのには驚かされます。先に明確な目的がない限り最適な人材を配備できるわけがありませんし、相応しい予算や組織編成もできません。

そして「実験段階」が長過ぎて、実際にはライバルの様子ばかり気にしているということがあります。これでは、スピードが勝負を決めるこの時代に特化することはできません。各業界で、先行し特化している大企業は、規模は大きくなってもベンチャー的体質を失わない企業であることが物語っています。アンケートを頻繁に取っていても、それを活かすアクションと交互に繰り返さなければ意味がありません。

また中小企業同様、お金の使い方を間違っていることが多々あります。そうなる最大の原因は、担当者の勉強不足です。どこにどう使い、どこをどう抑えるのが結果的にコストパフォーマンスが高いか、それを最低限把握していないと必要な業務に予算がなく、さほど必要でもない業務になぜか予算がある、という事態を招きかねません。

●自分の目を「ユーザーの目」と考えてしまう

日本のホームページのクオリティの低さは先にも触れましたが、その最大の原因は

「マーケティング」への意識の低さです。

マーケティングとは、顧客の購買行動パターンを詳細に分析し、その分析結果に基づいて生産計画・販売計画を戦略的にしていく考え方のことですが、言葉自体はよく耳にするものの、日本で「マーケティング」と呼ばれているものは「セールス」と呼んだほうが近い気がします。「マーケティング」はあくまで顧客の都合が優先し、「セールス」は商売する側の都合が優先しますが、まだまだ日本のマーケティングは商売する側の都合に左右されています。近年、急速に顧客志向が高まってきてはいますが、それでも日本はまだマーケティングというものの重要性がようやく認識されてきたといった段階です。

マーケティングへの意識が高まってきたのは、不況が長引きあらゆる業種で競争が激化し、市場の拡大よりも既存の優良顧客をいかに維持していくか、リピート率を高めるかが重要になり、それと同時に、マーケティングに最適なインターネットというメディアが登場したからでもあります。

インターネットはこのうえなくマーケティングに向いているメディアです。

街頭や店頭、雑誌など、従来の方法で行うアンケートには多大な費用がかかるうえ、回収し分析する作業には時間がかかりましたが、インターネットでは実施、回収、分析などの作業が低コスト、かつ短期間でできます。またユーザーが無意識でする行動を把握することができるため、ユーザーの自然な行動を知ることができます。さらに顧客の「住所」ともいえるメールアドレスを知ることもできます。

しかしこの素晴らしいメディアを活かし切れていないのが日本の現状です。その最大の原因が、やはりマーケティングへの意識のなさなのです。それはモノを売る場面だけではなく、ホームページ作りにも現れています。ユーザーからみた見やすさ、利便性を無視しているサイトが多いのに驚かされます。このことは大企業・中小企業問わずいえることですが、作り手が自己満足して終わっているようなものが非常に多いのが現状です。

少し詳しく説明すると、一ページ一ページに情報を詰め込み過ぎてごちゃごちゃしている、表示されるのに時間がかかり過ぎ待たされる、行きたいページになかなか行けない、または一度入ったら出られない、文字が小さすぎて見づらいなど、あげればキリがありません。

日本はインターネットの普及が遅れましたが、同時にインターネット接続サービスに加入している人の利用頻度も非常に低かった。誰でも加入したら試しに見てみるはずですから、いかに魅力的なホームページが少なかったかがわかります。見る人がどう感じるかを研究しつくしたホームページがあまりにも少ないのが現状です。

●システムと業務や組織が対応していない

例としてのわかりやすさからインターネットに関する現状を中心に説明してきましたが、ＩＴのもうひとつのカナメに社内システムのＩＴ化があります。こちらも、導入したけど思うように成果が上がらないという話をよく耳にします。

やはりこうしたケースでも、そのやり方に問題のあるケースが多いようです。実際の業務とシステムがまったく対応していないことや、組織編成がＩＴ化を推し進めるうえで障害になっていることがよくあります。前者については次章で詳しく説明しますが、後者は日本の社会にはありがちな横の連携のなさに起因します。ＩＴ化はネットワーク化といい換えてもおかしくないくらいネットワークの有効利用がキモになりますが、そのネットワークを支える「共有」という考え方に相反する組織編成になっているのが旧来の日本の組織でした。変化しつつあるものの、まだまだ変わっていません。道具だけ便利になっても、上司のハンコひとつ貰うのに煩雑な手続きを経なければならなかったりします。これではせっかくＩＴ導入をしても形ばかりのものになってしまいます。システムがオープンでも企業の体質がクローズでは、技術と人が対応していないに決まっています。

【３章】

こうすればうまくいく、ＩＴ化成功に必要なポイント

ＩＴ導入成功のポイント

●ＩＴ導入に必要なもの（１）インフラの整備

ＩＴの導入には、環境を整える「インフラの整備」と、そのインフラを活用する元となる「業務の整備」が必要です。

インフラにはパソコンに代表されるマシンと、離れたところにあるマシン同士を繋ぐための（ネットワークを構築するための）回線、そして業務に対応したアプリケーションソフトがあります。ソフトは一般的にはインフラとはいいませんが、「機械的な部分の準備」と位置付け、ここで説明します。

マシンはもちろん安くて性能のいいものがよいわけですが、それだけではありません。パソコンには、導入後のシステムの安定性や導入するソフトとの相性などの問題もあります。またネットワークの利用に向いているＯＳ（基本ソフト）を選ぶ必要があります。

回線には遠隔地同士を繋ぐものと社内にあるマシンを繋ぐものとがあります。遠隔地同士を繋ぐにはインターネットを利用できるケースと専用線で繋ぐべきケース、さらに携帯電話を利用するケースなど、これもまた多種多様です。回線はブロードバンド化が始まっており、安価で常時接続できるサービスが続々と登場し続けているところで、環境がどんどん良くなっています（5章で紹介）。

また社内のマシンを繋ぐには専用の技術が必要です。さらに社内のネットワークとインターネット技術を組み合わせた「イントラネット」という比較的低コストで導入できる方法もあります。

ソフトには、従業員みんなが使いやすい操作性と、自社の業務に対応した設計が求められます。

たとえば、すっきりとして見やすい画面構成や言葉であったり、メニュー構成が会社全体の業務、部門別の業務、従業員一人ひとりの日々の業務に対応している必要があります。

市販のパッケージソフトを使うのもひとつの方法ですが、業務の流れが合っていなかったり、表現方法が異なるだけでも違和感があります。また、ほんの少し機能が足りないために別のソフトで補わざるを得なくなったりして、かえって業務が煩雑になったり、データ（情報）の統一化ができないというケースもあります。

もちろん、予算との兼ね合いもありますが、その予算なりの方法が必ずあります。

●ＩＴ導入に必要なもの（2）業務の整備

インフラを完璧に整備しても、どんな業務をどんなふうにして効果を上げたいのか、その目的が明確でないと折角のＩＴ導入も意味がなくなってしまいます。ＩＴを導入する時点でその目的があるはずですから、まずはそこを徹底して検証することから始めます。

基本的な目的は、社内業務を効率化したり情報を共有化することによってコスト低減を図り、生産性を向上させ、収益性の向上を目指すことです。また、顧客の声をダイレクトに聞くことができ、製品の開発や営業戦略に役立つなどの非常に貴重な情報を得られることもありますが、それは後述します。

基本的な目的が明確になったら、今度はそれを細部に落とし込み、より具体的な目的を立てます。ここで、従来の業務の見直しが必要となります。それまでとは仕事の仕方がまったく違ってきますから、ここをうまくやらないとなかなか満足のいく成果は得られません。

たとえば、それまで一人ひとりでバラバラに作成していた書類を統一的な様式にして、みなが同じものを使えば、かなりの無駄な作業をカットできますが、そうするためには社内の意思統一が不可欠になります。標準化した企画書の雛形があっても、それを使わなければまったく意味がありません。

社内のネットワークは中心的な存在となる「親」ともいえるマシンと、それを中心にして結ばれている「子」といえるマシンで構成されます。この「親」を「サーバ」と呼び、「子」を「クライアント」と呼びます。上記のケースでは標準化した雛形の書類データをサーバのどこかに保存し、従業員はそこを参照して雛形を利用することになりますが、もしその場所を把握していなかったら使うことはできません。当たり前のことのようですが、こうした点がおろそかで失敗するケースは多々あります。

また、事務・総務担当者以外でも本来の業務ではない事務的な作業に結構時間を取られることがありますが、こうしたケースでも使いやすいソフトを作るだけでなく、ＩＴ化に業務・作業方法を合わせていくという手順も生まれます。ＩＴ導入の担当者は、各部門や一人ひとりの従業員の話を事前によく聞いて、業務に対応したソフトを作ると同時に、プロのコンサルタントともよく相談しＩＴも良く理解したうえで、その長所を活かした業務方法の改革も考えていかなければなりません。

●IT導入に必要なもの（3）目的の明確化

さて、前記した目的の明確化について少し詳しく説明しましょう。

「社内業務の効率化」「商品のPR」「商品の販路拡大」などの目的はもちろんあるでしょうが、それでは漠然としすぎています。

御社の目的は何でしょうか？　目的が、たとえば「商品のPR」である場合、ただホームページを制作してインターネット上にアップしておけば自然にユーザーが見に来てくれてPR効果が抜群に発揮されるというわけではありません。また、もしホームページを利用して通販できるような商品だったら、「商品のPR」でかつ「商品の販路拡大」を同時に目指すこともできます。また、「商品の販路拡大」を目指して商品をホームページに掲載したところ、ホームページ上では受注がなく、逆に実店舗のほうの売上げが上がったなどということもあります。予想外の嬉しい悲鳴のようですが、あらかじめそれを読めていないと人員的な問題や在庫的な問題から、貴重な販売機会を逃してしまう可能性があります。

企業活動の中心は「収益率の向上」「受注機会の増大」この二つしかありません。多くの方が、インターネットや社内ネットワークの構築をすれば、以上の二つがよい方向にいくと漠然と思っています。しかしそれを達成するために、どんな商品を、どんな方法で、どんなふうにして計画的に目指していくか、ある程度の数字を必ずあげて目的にしていかないと思うような成果は得られません。

現状の問題点を明確にしたうえで、目的もより具体的に明確化し、計画的に開始する必要があります。

●IT導入に必要なもの（4）ユーザーになってみる

もうひとつ、ＩＴ導入をする前に忘れてはならないことがあります。

それは、企業としてＩＴを導入する前に、個人ユーザーとしてさんざん利用してみるということです。

できれば自宅にLAN(ローカルエリアネットワーク)を引ければいいのですが、一家に何台ものパソコンを持つ人は少ないでしょうし、かりに数台のパソコンを持っていても、購入時に将来の目的―LANを引くという―の元に機種を選んだという人も少ないでしょう。

しかし最低限、インターネットを使い倒してみることくらいはやっておきたいものです。

インターネットで調べものやショッピング、趣味のホームページなどを利用してみると、初めて感じることが多々あるはずです。楽しさや便利さ、見やすさ、またはその逆など、実際に利用する立場になってみないとわからないことが無数にあります。それがユーザーのニーズを類推する際の手助けにもなります。

プロフェッショナルなコンサルティングが必要不可欠

●導入の手順

さて、ひとしきりIT化を成功させるためのポイントについて説明してきましたが、実際に導入する際にはどんな体制で臨めばいいのでしょうか?

まず、継続的に担当する社内の担当者が必要です。専任でなくても構わないので、比較的こうした方面のことが好きな人が担当するのがベストです。社内ネットワークならデジタルの技術関係を、インターネットなら趣味で個人的にホームページを沢山見ているような人が最も望ましい。そして担当者を頻繁に変えたりしないことです。

また、ある程度の権限をその担当者に与えることも大切です。そうでないと、担当者レベルでＯＫになった計画が、上司にＯＫをもらえないためにふり出しに戻るなど、企業活動のスピードが落ちてしまいます。

そうした社内の体制を敷いたうえで、必ずプロの業者に依頼しましょう。プロに依頼することの重要性は先に記しましたが、数多くの案件を担当してきた専門の業者に依頼すれば、自分で考えてもわからないさまざまなケースを想定して最適な提案をしてくれます。社内システムにしてもホームページにしても、ソフトのインターフェースやホームページデザインなどの目に見える部分から、それを支える目に見えない技術的な部分まで、実にさまざまで専門性の高いノウハウが必要です。それをすでに持っている業者に依頼するほうが、結果的に安く済む場合もあります。

業者を選ぶ際には、システムの開発やホームページのデザインなどの技術的なこと以上に、コンサルティング能力に特化している業者を探しましょう。門外漢にもわかりやすく説明し、提案してくれるようなところでない場合、実のところ業者のほうも大してわかっていないことがままあります。

業者が決まったら、業務の内容や状況を詳しく説明し、相談しましょう。この打ち合わせを入念にしないと、満足のいくものはまずできません。

●導入後の運営・運用が重要

さて、導入してもそれで終わりというわけではありません。導入後、どう改良していくかがかなり重要な作業なのです。

どんなによい物を作っても、実際に利用してみないとわからないことが沢山あります。社内システムでは、使い勝手や業務への対応度に応じて、より社内業務を効率化できるように、ホームページでは、ユーザーの声を常に収集しそれを反映させていく必要があります。

導入時に、後に更新がしやすいように設計しておくことも必要です。そうしておかないと、せっかくのアイデアも迅速に反映させることができないと同時に、コストもかさみます。とりわけホームページの場合、ユーザーは頻繁に更新されていないホームページ（情報）は何度も見に来てはくれません。楽しく、便利なコンテンツ（ホームページ内の情報）があり、そのコンテンツの更新頻度が高いほど、ユーザーも頻繁に訪れてくれます。雑誌が月刊や週刊であることからもわかるでしょう。

●オーダーメイドシステムは高い？

社内ネットワークの導入には、業者に依頼せずに市販のソフトを利用する方法もあります。専門の業者に依頼して作成する自前のシステムはいわば「オーダーメイドシステム」ともいえますが、一般に「高そう」というイメージがあるようです。

市販のソフトは、通常高くても数万円程度ですから、確かに値段だけ見れば安い感じはします。しかし不特定多数向けに作られた物が個々の企業にとって何かと不便な点があったり、機能が多すぎたり不足したりするのは容易に想像できると思います。

たとえば、市販の社内ネットワークを構築するソフトと、在庫管理ソフト、財務会計ソフトを連動させて使うとします。これらのソフトは「在庫管理」「財務会計」などの業務には一応対応していますが、個々の業種には対応していません。ひと口に「在庫管理」「財務会計」といっても、業種ごとにその業務は多種多様で細部の項目はまったく異なってきます。さらに、同業種でも個々の企業ごとに実業務はまったく異なってきます。街の商店でも1店舗のところと5店舗のところでは必要なシステムがまったく異なってくるのはいうまでもありません。現在の業務への対応度に加え、システム導入後はシステムに実業務が対応していく側面も強いため、各企業個別のシステムは本来必須といえます。

業務への対応レベルの低いシステムを利用するとどうなるのでしょうか？　当然、作業時間が非常にかかります。時間がかかればお金がかかります。導入費用は安上がりでも、結果的にランニングコストは上がります。また従業員の不満度も高くなります。

また、業者との契約内容次第でケースバイケースではありますが、場合によっては、独自に開発したシステムは同業他社に販売したり、リースする（貸し出す）こともできます。

さらに、オーダーメイドシステムはみなさんが想像されるほどには高くないものです。もちろんこれはケースバイケースで料金はさまざまですが、さほど敷居の高いものではありません。

●大手業者の料金は「ホケン」代

ＩＴシステム導入や、インターネットビジネスのコンサルティング会社は多数ありますが、恐らくは知人にそうした企業を持つ方のほうが少ないものと思われます。業者を選ぶ際に技術力とコンサルティング能力が重要であることは前述しましたが、さらに、業者には規模の大小から得意技の違いなど、さまざまなタイプがあります。規模の大小ではどういった点が違うのでしょうか？

コンピューターシステム開発系の大企業はみなＩＴ部門や専門の別会社を持っています。大規模なシステムを構築する場合は大企業同士で契約し受・発注するケースがよくありますが、最近では当社のような中小企業が大企業から受注するケースも増えてきました。そうなってきた最大の理由はコストの問題です。つい最近のことですが、まったく同じシステムの見積もりを依頼された時、当社が３００万円と見積もったシステムを某大企業が９００万円で見積もっていた事実を知って驚かされたことがありました。さほど高度なシステムではなかったのでクオリティの差などは出ない案件でした。どんな項目に多く見積もられているのかを調べたら、要するに人件費なのだということがわかりました。これは明らかに無駄な投資になります。まったく同じものに対して3倍も支払わなければならないのですから。

とはいえ、大企業のよさもあります。従来、大企業が大企業に発注していたのは「信用」の問題からでした。「保険」と言い換えてもいいかもしれません。この意味では、確かに中小企業は大企業に及ばない面があります。最終的には、直接会って何度も打ち合わせするなかで判断していくことが必要になります。

ところで「マーケティング」って何？

●奥様たちの井戸端会議に耳を澄ます

先にも少し触れましたが、日本はマーケティング後進国です。しかしその重要性は誰もが気付き始めています。もはや顧客を重視したマーケティング抜きでのビジネスは考えにくくなっており、今後はよりその傾向が加速していくものと思われます。

マーケティングの基本的な考え方はざっと説明しましたが、具体的にイメージしにくいかもしれません。しかし実はわたしたちの生活は、隅々までマーケティングと関わっています。なかには言葉だけで拒絶反応を示す方もいるかもしれませんが、誰しも無縁ではありません。

たとえば、街で小さな美容室をひとつだけ経営しているオーナーも、常連さんの「ちょっと高いわよ」「パーマ液って髪が痛むのよねぇ」「こんなトリートメントがあったらいいなぁ」などという声を聞き、それを参考に備品やメニューを変えることがあると思います。また、団地の井戸端会議で耳にした主婦仲間の不満の声をヒントに、アイデア商品を企画してヒットさせる「スーパー主婦」なども存在します。これらはすべてマーケティングです。顧客の声に耳を傾け、その要望を反映し、顧客の満足度を最大限に高めるのがマーケティング活動といえます。

企業は、こうした「声」をより大量に集め、数値化し、分析し、その結果に基づいて今後の戦略を立てていきます。企業の規模やタイプでできること、向いている方法などは異なりますが、自社の身の丈にあったマーケティングは欠かせない時代になっています。

●興味のない人たちにチラシをまいていませんか？

マーケティングが重視されるようになった背景のひとつとして、消費者の行動パターンの変化があります。

ずいぶん前から、ニーズが多様化し読みにくい時代になったというようなことが言われてきましたが、その傾向はより加速しています。同じミリオンセラーの商品でも、以前なら不特定多数の人が購入していた物を、現在は特定多数の人が購入していたりします。たとえば、100万枚売り上げる音楽CDは、以前なら老若男女の幅広い層に支持された結果でしたが、現在は若年層の女性に集中的に支持された結果だったりします。

こうした時代は、実は「読みにくく」はなく、コストパフォーマンスの高いPR方法が可能な時代です。不特定多数にPRするには莫大な費用がかかりますが、特定のターゲットに対し集中的にPRすればいいので、目指すターゲットへのヒット率は非常に高くなり、コストも下がります。

しかしこうした状況や有効なPRの方法を知らないと、商品のタイプがこの時代のなかでもとりわけ特定ターゲットにPRすべきものであるにも拘わらず、不特定多数に対してPRを繰り返す、という非常にもったいない、お金の無駄遣いを続けているという事態を招きかねません。

インターネットは特定顧客のデータを収集するのにも、PRするのにも、このうえなく向いているメディアです。プロのコンサルティングのもと、最適な方法を選択しマーケティングを実施すれば、非常にコストパフォーマンスの高い成果を得ることができます。

たとえば、当社ならこうする

●かゆいところに手が届く徹底した現状カウンセリング

さてここまで、日本のIT化の現状問題点と成功させるためのポイントについて説明してきましたが、要するに社内にある程度しっかりと勉強した担当者がいて、最適なプロの業者に発注すれば失敗することはないということです。ここでは、その専門の業者である当社に発注した場合にどうすすめるのかを具体的に説明します。

当社の場合、まず導入前に入念なヒアリングを行い、顧客に納得して頂くまで何度でも打ち合わせをします。目的にはその元となる現状の問題点がありますから、ITに関して以前に現状の、一企業として抱える問題点を明らかにすることが重要です。この段階で、顧客の要望が漠然としたものであってもこちらからさまざまな質問を投げかけ、要望を具体化していくとともにどんな方法が最も問題点の解決に最適かを探っていきます。自社でいくら考えても気付かないさまざまなポイントがここで明らかになります。

そのうえで、予算や要望に合わせた最高のコストパフォーマンスで目的を達成できるよう、最適な提案をします。たとえば、インターネットと連動した社内ネットワークの構築には、目的に応じた最適なタイプのマシン選びから通信環境、システムソフトの開発、セットアップ、日常的なメンテナンス、問題発生時のサポートに至るトータルな提案をします。

●あらゆるケースに対応する究極の個客対応

完全オーダーメイドでシステム構築するにこしたことはありませんが、予算的な制約も当然あることでしょう。市販のDB（データベース。後述）系ソフトでもかなりのことができるし、ニーズに合わせたDBの選択も可能です。また、どうしてもできない部分だけを自前で作成するという方法もあります。市販ソフトとオーダーメイド双方のいいとこ取りともいえるのが「セミオーダーメイドシステム」です。

「セミオーダーメイドシステム」とは、市販のDB系ソフトを活用し顧客の業務にカスタマイズをしたシステムで、短期間、ローコストの納品が可能です。もちろんフルオーダーメイドシステムの自由度には及びませんが、予算があまりなく開発期間もかけられないようなケースには最適です。

初めは「予算がないから」「ITって何となく敷居が高いから」などと尻込みされる方もいますが、それで諦めてしまうことはありません。どんな企業にもその企業なりの有効な方法が必ずあります。

見出しで「個客」と表現しているのは、当社では「顧客（お客さん）」という大きな分類ではなく、個々の顧客に対し、ビジネスパートナーとして一件一件に見合った提案・対応を徹底的にするということです。

●トータルな提案型コンサルティング

コンサルティングはＩＴのシステム導入だけに限りません。それまでＩＴを活用せず行っていた業務を、ＩＴを一から導入し行うということは、単に最適なシステムを導入すればいいという訳ではなく、企業の戦略全体に波及していきます。全社的な戦略と連携したシステムと同時に、そのシステムを骨格とした、中核となる戦略が必要になります。長年の実績が物語る経験豊富な当社なら、顧客が望んでいる以上の、それまで気付いていなかった問題点も明らかにしたうえで、新たな事業開発を提案することも可能です。

皆さんもよくご存じの通り、専門分野の現場で長年培わない限り本物のノウハウを得ることはできませんが、多種多様なケースに遭遇し対応してきた当社のノウハウは、あらゆるニーズに対応できるものと自負しています。

次章では、当社の様々な業務を紹介しながら、ひと口に「ＩＴ」といってもこれだけ活用法があるのだということを具体的に説明していきます。

【4章】

ケース別ＩＴ化成功の秘けつ

顧客がどんな人か早合点していませんか？

●まるで男と女のスレ違い

「マーケティング」というものの重要性や日本のマーケティングの未成熟さについては前述しましたが、マーケティングが未成熟だと実際のビジネスシーンではどういうことが起こるのでしょうか？

恋愛にたとえてみると、「大学生」で「21才」の「女性」A子さんに恋をした「中小企業男」さんは彼女を射止めるためにプレゼントをしようと考えています。彼と彼女はほとんど会話を交わした経験もなく、彼女について知っているのは前記の要素と、見ればわかる「美人である」ということくらい。彼女の好みを調べてプレゼントを選ぶしかありませんが、彼はシャイなタイプなので直接彼女から好みを聞き出すことができません。そこで、共通の友だちからそれとなく聞き出します。しかし人によっていうことがバラバラで、彼女の好みを特定することはできませんでした。そこで彼は、バラバラだった間接的な情報の平均的な要素と、見た目のイメージから彼女の好みを類推し、自分自身が彼女に持っていてほしい物という要素も含めてプレゼントを選び、彼女に贈りました。結果は「悪趣味」とかえって嫌われる羽目になってしまいました。そこで今度は奮起して、彼女から好みを聞き出そうと躍起になって電話をかけ続けました。そうするとストーカー扱いされるという最悪の事態に……。

なぜうまく行かなかったのでしょうか？　もちろん本当の恋愛では既に彼がいる、好きな人がいる、彼のことがタイプじゃないなどさまざまな理由が絡んできますが、ここでは単純に「プレゼントが気に入らなかった」つまりプレゼントの選択にミスがあったという理由だけで考えます。

いうまでもなく、敗因は情報量の少なさです。少ないうえにさらに情報収集する努力を怠り、当てずっぽうの勘や自分の好みを相手に押しつけるという独善的な行動を取ってしまいました。

少ない情報での判断は、かえって誤認を招きます。

間接的な情報は、千差万別である媒介者というフィルターを通して伝わります。こうした情報は、よほど大量に集めない限り事実の傾向すらつかむことができません。自分の好みを押しつけるのは、最初からかなり気の合う相手にしか通用しません。まったく自分の好みではない、身に付ける物をプレゼントされ、かえって対処に困ったという経験を持つ人も多いと思います。

また「一度目」の印象は最も強く残るので非常に重要です。ここでいったん悪印象を与えてしまうと、その後何をしても悪いほうに解釈されてしまう可能性が高くなります。

恋愛にたとえて説明しましたが、ビジネスでも少しの情報でステレオタイプ的に決めつけてしまったり、間接的な情報だけで判断すると同じことが起こります。どれだけ大量にPRしてもスレ違いし続けてしまいます。

こうしたスレ違いをなくすにはどうすればいいのでしょうか？　まずは固定観念で

決めつけることを止めなければなりません。そのうえで、顧客についての、より多くの質の高い情報を集める必要があります。量も必要ですが、情報の質とその情報を判断する力が問われる時代になっています。

●一人ひとりの正確な顧客像の把握が必要

前記の例では、より詳しい女性の情報をあらかじめ得ていれば、成功した可能性はグンと高くなったはずです。しかし情報が多いだけでは、またかえって誤認してしまう恐れがあります。情報の質―信頼度―が重要です。では質の高い情報とはどんな情報なのでしょうか？

ビジネスで最も重要な情報は顧客や商品の情報です。顧客がどんな物を欲しがっているか、購入するときはどんなふうに行動するか、どんな商品が売れているかなどの情報を把握することがビジネスの成否を左右します。まずは顧客を知ることが重要です。

以前は非常にアバウトな顧客像を把握しておけばビジネスが成り立つ面がありました。それはモノが少なかった—顧客にとっての選択肢が少なかった—からでした。ビジネスする側に主導権がありました。しかし現在は多種多様なモノがあり、価格競争も激しく、顧客の嗜好も千差万別です。アバウトな顧客像しか把握していないと、ビジネスはなかなか成功しません。

顧客像を把握するためのデータには「年齢」「性別」「職業」「住所」などの基本的なデータ—一般に「地理的分類」「人工学的分類」などと呼ばれる—からもう少し踏み込んだ「嗜好」「行動パターン」などのデータ—一般に「行動パターン別分類」「個性別分類」などと呼ばれる—があります。これらをより多く、個々の顧客ごとに詳細かつ正確なデータを把握することが成功への近道となります。これらのデータは従来のマーケティング手法でもある程度把握することができました。しかし詳細に把握しようとすると膨大なコストがかかりました。

進歩したＩＴ技術は、こうした高度なマーケティング活動を安価に、しかも非常に効率的に実施することを可能にしました。そして、さらに価値の高い顧客データの把握を可能にしました。

インターネットでは、顧客がどこにあるどんなマシンからアクセスし、どんなページによく訪れ、さらにページのどんな場所をよくクリックするかということまで比較的簡単に把握できます。つまり、顧客が無意識のうちに自然にとる行動を知ることまでできるわけです。アンケートへの回答は意識的にとる行動ですが、無意識にとる行動は顧客を知るうえでより重要な手掛かりとなります。非常に信頼度の高い情報といえます。続いて、これらの高度なマーケティング手法の一例を紹介します。

●高度なマーケティングを安価でできるようにしたIT技術

最近のビジネス雑誌で頻繁に登場する「CRM」という言葉があります。多くの方には耳慣れない言葉かもしれませんが、その言葉を知らなくても気にすることはありません。実はとっつきにくくもなく、誰にでもできることです。非常に有効でかつ今後より重視されていくマーケティング手法なので、少なくともどんなものかだけは把握しておく必要があります。

「CRM」とは「C＝カスタマーR＝リレーションシップM＝マネジメント」の略で、ひと言でいえば、顧客情報の管理を高度でかつ効率的にして、効率の高い営業活動をするための考え方のひとつです。顧客と密接な関係を築くことを目指します。

また一般的に、この考え方は「OnetoOne」（ワン・トゥー・ワン）マーケティングという考え方とセットになることが多く、そうすることで非常に高い効果をあげることができます。「OnetoOne」マーケティングは、従来のグルーピングした顧客ごとに行うマーケティングとは異なり、文字通り一人ひとりの顧客に対してマーケティング活動を行います。

この「Ｏｎｅ ｔｏ Ｏｎｅ」と前述した「ＣＲＭ」をセットで行い、顧客一人ひとりの情報を徹底して管理し、高度な顧客満足度の向上を目指します。

具体的には、簡単な操作の専用ソフトを用いて、データベースに蓄積された顧客一人ひとりのそれまでの発注履歴を参照し、その情報に基づいた営業活動を行ったり、顧客の嗜好や消費の仕方に応じてダイレクトメールを送ったりします。そうすることで、効率よく受注に結びつけることができます。一人ひとりの顧客の詳細な属性を把握していれば、ＰＲしても受注できる見込みがまったくない相手にダイレクトメールを出すなどという事態を避けることができます。

顧客側から見ても「大切な上得意客」として扱われているという気分を実感できることから、また発注しようという気になりやすく、さらに、後述する自動化されたシステムを利用すると、商品の送付先住所などの情報を毎回入力するという面倒な手間が必要なくなります。

また、従来、紙のポイントカードにスタンプを押してポイントが貯まると割り引きしたり、プレゼントしたりしてきたのと同じサービスを自動的にすることもできます。

こうしたマーケティング手法はＩＴ技術と不可分になっており、最大限自動化することでより効率性が追求できます。人手が増えるほど手間やコストがかさむだけでなく、個々の異なる人間の判断が介入してくるため、全社的な意思統一や迅速な対応などの面からも、個々の企業に合ったＩＴシステムの存在が不可欠です。

顧客一人ひとりに異なるダイレクトメールを送るのは相当な手間がかかります。年賀状を例に考えてみればよくわかりますが、全員に手書きで書いて送るのは大変な手間です。最近ではパソコンとプリンターを利用して作成する人が増えましたが、全員に同じ内容だとそれはそれでどことなく冷たい印象を与えます。受けとったほうは、何か自分が大切な存在ではないといわれている気がするものです。年賀状では、同じ印刷をしたうえで余白に「お久しぶりです。今度食事でもしましょう」とひと言だけ手書きで添えたりすると効果が高いですが、ＩＴ技術はこうした手間のかかる作業もかなりの部分まで自動的にできるところまで進歩しました。

また、顧客の情報を得るために、たとえば街の美容室で会員証を発行し、顧客に氏名、住所などの簡単な個人情報を記入してもらい、それを手書きで名簿にしたり、ワープロソフトや表計算ソフトなどで簡単なデジタル名簿を作成し、それに基づいて定期的に「髪の具合はいかがですか?」とダイレクトメールを発送したりする、ああした作業もローコストで手間をかけずにできるようになっています。

さて、こうしたマーケティング活動は顧客のデータベースがあって初めて実施できます。データベースとは、顧客などの情報を格納して蓄積していく場所のことで、同時にデータベースを作成するソフトを指すこともあります。マーケティングはこのデータベースをどう活かすか、というところから始まります。データベースを作成するには、まず、顧客の情報を集めなければなりません。最も一般的なのは、雑誌やテレビなどのメディアでプレゼント懸賞を実施して集めたり、メンバーズカードを作成して個人情報を提供してもらう方法です。また裏技的には「名簿屋」という顧客データ専門の業者もいます。インターネットでは、こうしたさまざまな方法を裏技としてではなく、低コストで実施できます。

たとえば、プレゼント懸賞を専門に運営しているホームページも沢山あり、そのホームページの運営者は多数の顧客情報を持っています。顧客のデータベースを持っておらず、新規に顧客を開拓したい場合、こうしたホームページで懸賞を実施したり、顧客にダイレクトメールを送信するという方法は非常に効果的です。

●当社のCRMサービス

当社が行っているCRMサービスをご紹介します。

当社はCRMの総合サービスとして「MAPS」という総合ソリューション（解決）

パッケージを用意しています。「ＭＡＰＳ」とは、「Ｍ＝マーケティング Ａ＝アンドＰ＝プロモーション Ｓ＝サポートシステム」の略で、総合的なＣＲＭを提供しています。

本サービスは、次のような現状問題点を抱える方々に最適です。

◆自信のある新製品を開発したが、売れ行きが悪い
◆何を作ったら売れるのかがわからない
◆市場環境の変化が早く、需要の予測がしにくい
◆固定客を増やし売上げを安定させたい
◆固定費を削減したい
◆たまった過去の情報、データを活用したい
◆ＩＴ化したいが、何をすればいいかわからない

本サービスの実施により、次のようなことが実現できます。

◆消費者の意見、アンケートなどがすぐに取れる
◆グループインタビューなどが簡単にできる
◆潜在顧客のデータが獲得できる
◆データ活用のノウハウを得られる
◆購買保証型の広告宣伝ができる
◆インターネット上での通販を安価にできる
◆コストの見直しなどから徹底的な合理化ができる
◆ホームページの制作、システム開発などの附随業務のサポート

本サービスでは、次のようなメニューがあります。

◆プロモーションサポート
潜在顧客の獲得、活用業務のサポート

◆チャネルサポート
インターネットでの製品販売業務のサポート
◆コンテンツサポート
以上の業務に関わるホームページ制作のサポート
◆システムサポート
以上の業務に関わるシステム開発のサポート
◆メディアサポート
以上の業務に関わる、さまざまなメディア制作のサポート

目的に応じてこれらの各サービスを組み合せて行い、現状を改善していきます。また各サービスはそれぞれ独立したサービスでもあり、目的次第では単体で行うこともできます。

一例として、既に実施した案件を紹介します。

クライアントは「休暇村」で、福利厚生に利用される宿泊施設などを運営しています。

目的は「認知度の向上」「新規顧客の獲得」「新規マーケティング手法の検討」でした。当社では、予算なども鑑み、「宿泊券のプレゼント企画を、雑誌とインターネットを連動して実施」「獲得した潜在顧客へのメールマーケティングの実施」を提案しました。雑誌は「トクプレ」という全国規模で75万部発行しているプレゼント情報誌(毎日新聞読者に無償配付)を利用、インターネットでは1日15万ページビューを誇る懸賞サイトを含む数サイトを利用しました。その結果、インターネットだけで実に1345件の応募があり、応募者は自動的に潜在顧客の情報として休暇村に蓄積されました。一度のプロモーション活動で1000人以上もの、永続的にプロモーションできる潜在顧客を獲得したわけです。このデータは、今後の宣伝業務や戦略構築に多大に寄与していく可能性があります。

案件によって、これにさまざまなサービスを追加します。

ホームページをまだ持っていない場合はホームページの制作、専用のシステムが必要な場合はシステムの開発なども行います。前記の例では、継続的にメールマーケティングのサービスを実施していくことも可能です。

当社のサービスには以下の特徴があります。

◆短期間で簡便な導入

・本サービスは、たとえば「潜在顧客の獲得」といった業務目的ごとのパッケージ化を進めています。そのためひとつのサービスを導入するのが、非常に簡単に、かつ短期間で実現できます。

◆クロスプロモーション

・雑誌メディアとインターネットサイト（ホームページ）という、強力なメディア力を複合させたクロスプロモーション戦略によって、高い効果を実現しています。

・インターネットでの展開は1年間の実証実験を済ませており、応募実績は毎月6～7万件を達成しています。

・すでに150万件以上の累積応募実績を獲得。このデータベースを元に、商品告知、データ獲得業務を展開することで高い効果を発揮します。

◆ローコスト

・クライアント社内のネットワーク環境にシステム、アプリケーション（ソフト）などをゼロから構築するのではなく、セミフォーマット化したプログラムを当社内のサーバー内で提供するといったアウトソーシング手法を採用することで、ローコストを実現しています。

・業務目的ごとに単機能パッケージ化し、現時点で必要なソリューションを提供することで、最大限のコストパフォーマンスを実現しています。

これらの各サービスの詳細については、後ほど個別に紹介します。

社内ネットワークシステムの導入例

●社内IT化の実例

「企業のIT化」というとき、通常はインターネットや専用線、社内ネットワークを利用して業務を効率化する、販路を拡大する、マーケティングに役立てるなどを指しますが、ここでは企業の社内ネットワーク導入について説明していきます。

企業がIT導入する際のよくある誤解として、企業の規模が大きいほど予算も沢山かかるのではないかというものがありますが、単純にそうなるとは限りません。もちろん、まったく同じ内容のシステムを本社1カ所と全国の事業所すべてに導入するのでは当然後者のほうが高くなりますし、原則的には規模に応じて予算も大きくはなります。しかし規模だけではなく、どんな内容のシステムにするかによっても予算は大きく左右されます。単純なシステムを大企業が導入するよりも、複雑なシステムを中小企業が導入するほうが高くつくことも考えられます。ここでは、当社が担当した中小企業IT化のもっとも考えられるケースを、実例をいくつかあげながら説明していきます。

●もっとも単純で小規模なIT化の例

まずは、街の商店一店舗のIT化の例を見てみましょう。

東京の都心部でスノーボードショップを経営する「Aショップ」は1階が店舗で2階が事務所になっています。入出金の人為的なミスや不徹底な在庫管理による販売機会の喪失などの問題を抱えており、事務作業のOA化と、事務所と店舗のネットワーク化を望んでいました。

そこで当社は、レジにパソコンを使用してOA化し、POSシステムと連動した社内ネットワークシステムの導入を提案しました。

システムの内容は、事務所と店舗にパソコンを1台ずつ導入し、この2台をLANで繋ぎました。さまざまな集計作業は事務所のパソコンで行い、レジに置かれたパソコンはレジ機能に集中します。

そして従来のレジの代わりに、「レジ用モニター」(通常のレジで金額などが見えるモニター)「ドロワー」(お金が入っている場所)「バーコードリーダー」(商品に付いているバーコードから価格などの商品情報を読み込む機械)「プリンター」(レシートを出力する)などの「パソコンレジ用ハード」を導入し、レジに置かれたパソコンの周辺に配置します。パソコンには「売上げ管理ソフト」「販売・仕入管理ソフト」「在庫管理ソフト」などの、トータルな「店舗管理システム」を組み込みました。これらのソフトは、このお店の取扱い商品や業態、一人ひとりの顧客に対応できるよう、カスタマイズしました。たとえば、商品を指定して「予約」したり、一部だけ手付け金を入れていわゆる「取り置き」をしたりするケースなどにも対応できるようにしました。

お店が一人ひとりの顧客の「わがまま」に対応するにはこうしたカスタマイズが必要不可欠です。そして顧客の「わがまま」に対応できる店であり、かつそれを効率的に行える店が生き残りやすいことはすでに述べてきました。

すでにお気付きかもしれませんが、このシステムはいわゆる「IT化」というよりもレジシステムの「OA化」に近い内容ですが、1階と2階のパソコンを繋ぎ連動させる、たったこれだけの「ネットワーク化」でも、日々の煩雑な作業を考えれば、かなりの効率化になります。

このシステムの予算はトータルで200万円ほど。前記のハード、ソフトとトータルなコンサルティングがすべてこれに含まれます。このお店にはパソコンがなかったためパソコンも手配しましたが、このケースではレジ専用のパソコンを導入したわけではないので、元々パソコンを持っている場合はその分の費用はかかりません。

こうした、街の一商店がIT導入する際、もっと安価に済ませようとすれば、通常のレジに残った入出金データや商品データをあらためてパソコンに入力するという方法もありますが、これでは大きな手間がかかり、長い目で見ればコストにも跳ね返ってきます。手間を減らせば人員削減する、または余剰になった時間を使い他の業務に当てることなどもできますから、一時的に予算がかかってもトータルで考えれば決して損はしません。

●数店舗と事務所、倉庫などをＩＴ化すると

次に、もう少し高度で複雑、かつ規模が大きい例を紹介します。

「B商事」は東京都内で4店舗を経営する輸入雑貨店。店舗のほかに事務所本部と郊外に倉庫があります。こちらにはもともとパソコンが導入済みでしたが、「8インチフロッピーディスク」を使っているような、かなりの年代物でした。従来はそのフロッピーディスクを各店舗の店長さんが本部に持参して集計していました。これはもちろんかなりの無駄であり、従業員にも相当な負担になります。

当時のパソコンはリース契約しており、その契約期間が切れるタイミングで、ＩＴ導入を検討しました。

この業態の場合、導入にあたって、複雑な要素が多々ありました。

たとえば、輸入雑貨やその原材料は輸入品であるため同じ商品でも原価が変動します。先月１００円だった物が今月は50円になるなどということもあります。また、仕入は資材で販売はそれを加工した物であったりもしました。さらには、破損品などがあった場合、それを加工して「オブジェ」のような物として販売することも可能であることから、「仕入はゼロ扱い」でその同じ物が売上げになるという、特殊なケースもままありました。

このケースでは、準備期間に余裕があったため、こうした細かい点まで含め、入念なコンサルティングを行いました。その結果、このような独特の事情によるカスタマイズの必要性があることに加え、従業員の意見（「作業を効率的にしたい」といった一般的なもの）や経営者サイドの「裏要望」ともいえるようなニーズも汲み上げることができました。「裏要望」とは、ズバリ「従業員の不正を防止したい」などです。この辺りはそのお店の経営者でない限りピンときませんが、当事者にとっては切実な問題です。

さて、こうした事情からソフトには独自のカスタマイズに力を入れ、前述の一店舗のケースと同様の、トータルな店舗管理ソフトに加え、商品のタグ（値札）作成用ソフトも導入しました。

ハードのほうには前述の一店舗の例と違い、レジにはレジ専用の「レジパソコン」を導入しました。この「レジパソコン」は、一般のパソコンと違いレジシステム専用に作られたもので多少値が張りますが、専用だけにレジ機能は抜群です。このパソコンを、予備を含め7台導入し、本部に集計管理用のサーバーを置き、各店舗の「レジパソコン」と電話線で繋ぎ、一日一回自動的に在庫データや売上げデータを更新し本部サーバーに送信する仕組みを作りました。

また、倉庫で在庫管理に使用するハンディターミナルも導入し、ネットワークやソフトだけではなくトータルな「IT化」を図り、一気に飛躍的な効率化が達成されました。

このケースではハード、システム、長期に渡るコンサルティングを含め2600万円ほどかかりました。準備期間や開発に時間がかかったこと、内容が複雑だったことなどから、下手な大企業の案件よりも予算がかかった例です(いわゆる大企業である「C社」に3カ所のビルを繋ぐネットワークを導入したときは数百万円で済みました)。しかし長い目で見れば、かなりの効率化が図れ、その後も高い評価を頂きました。準備期間が沢山あり、入念なコンサルティングができたことも成功した要因でしょう。経営者が先を読み、計画的に行った結果といえます。

ホームページ制作／運営の実例

●ホームページ制作／運営の問題点

ある著名なインターネット・ビジネス・コンサルタントは「日本のホームページの平均点は、アメリカのそれをかりに100点としたら30点程度」といっていますが、確かに総じて日本のホームページはレベルが低いようです。

その最たる原因は、今までビジネスとして成立しにくかったため多くのケースで素人の方が作っていたことですが、予算が沢山取れる大企業も、つい最近までは見るに堪えないホームページが多かったようです。

ではどこがどう悪いのでしょうか？　ひと言でいえば、「見る側への意識があまりに足りない」。これに尽きます。「見る側への意識の足りなさ」とは、インターネットユーザーが気持ちよく見ることができ、運営側が辿ってほしいルートを自然に辿り、最終目的のあるページにアクセスしてもらえるようなホームページになるよう、工夫していないということです。

具体的には、ごちゃごちゃして見にくい、全体の統一性や整合性がない、ナビゲーション機能が弱く迷う―行きたいページへ移動したり元へ戻るのにひと苦労する―、説明文がわかりにくい、メリハリがない、検索システムの設計が悪く適確な言葉で迅速に検索されないなど、数え上げるとキリがありません。

また、作るだけ作って運営に力を入れていないケースもよく見かけます。一度アクセスしてもらえ、興味を持ち、しばらくしてせっかく再度アクセスしてもらえてもまったく内容が変わっていなかったら、もう二度とそのユーザーはアクセスしてはくれません。更新は頻繁であるほどリピーターが増えます。

●こうすればうまくいくホームページ制作／運営

これらの問題はどうすれば解決できるのでしょうか？　単純なようですが、その道のプロに任せる以外にありません。

ホームページを作る作業は、簡単に作れるホームページ制作ソフトも安価に出回っており、ただ作ってインターネット上にアップすればよいのなら、一応は誰にでも作れます。しかし、プロが作った物とはやはりまったく違います。

ホームページデザインにはホームページデザインのプロが、プログラムにはプログラムのプロが、文章には文章のプロが、プロデュースにはプロデュースのプロがいます。各作業それぞれのプロが担当しないと、実際に効果の出るホームページは作れません。

そのうえで、担当者も多少は勉強し、ある程度のことを理解できるようになることです。そうでないと、どういうホームページにしたいのか、その要望を伝えることができません。

もちろん予算の制約もあるでしょう。しかし、素人の担当者にもわかるよう説明してくれたり、一緒に考えていけるような業者さえ見つけることができれば、予算なりに価値の高い物を作ってくれます。タダでまったく効果が出ない物よりも、多少の投資にはなっても効果が出る物のほうがいいに決まっています。

また最初はすぐに効果が出なくても、ある程度の猶予期間を設けて様子を見ることも大切です。インターネットも顧客にリーチするひとつのポイントに過ぎませんから、始めた途端に嬉しい悲鳴が上がるほど効果が出ることはまずありません。

また、もし更新する必要のない内容になっていたら、元々の内容自体に問題がある可能性があります。ユーザーがまたしばらくしたら様子を見に来たくなるような内容を企画するべきです。そのうえで、プロのコンサルティングを定期的に受け、ユーザーの意見や要望を常に吸い上げながら改良を続けていくことです。

●ホームページ制作／運営の成功例

図1は、全国のホテルや旅館、民宿などの宿泊施設のホームページ（http://www.mile-post.com/）です。特別派手さもなく奇をてらったデザインでもありませんが、実は細部に至るまでよく考えて作られています。

まず、一ページに表示させている情報量が多すぎず、パッと見て全体的にスッキリとした印象を与えます。

次に、「宿」という言葉の持つイメージに合わせた淡い色調で優しいくつろげるイメージを与えます。また全体的に同系色を多用しながら、特にアイキャッチしたい部分を嫌味にならない程度に違う系統の色に変えてメリハリを付けています。

さらに、ひと目で何のサイトかわかるよう「全国宿泊施設データベース」「日本の宿全軒」という「読んで字のごとし」なわかりやすい言葉を大きめに配置しています。

また、写真も小さめにして、ホームページが表示されるまでユーザーが待たないでいいようにしてあります。

　検索システムも都道府県別の地域ごとと「レジャー」「スポーツ」「低料金」「ペット」「シルバー」「一人旅」「ハンディキャップ」などの多くの目的ごとで検索できるようになっており、その中からいずれかを選択するとさらに詳細な項目の中から指定して検索できるようになっています。非常に利便性の高いホームページといえるでしょう。

【図1 日本の宿全軒 ホームページ】

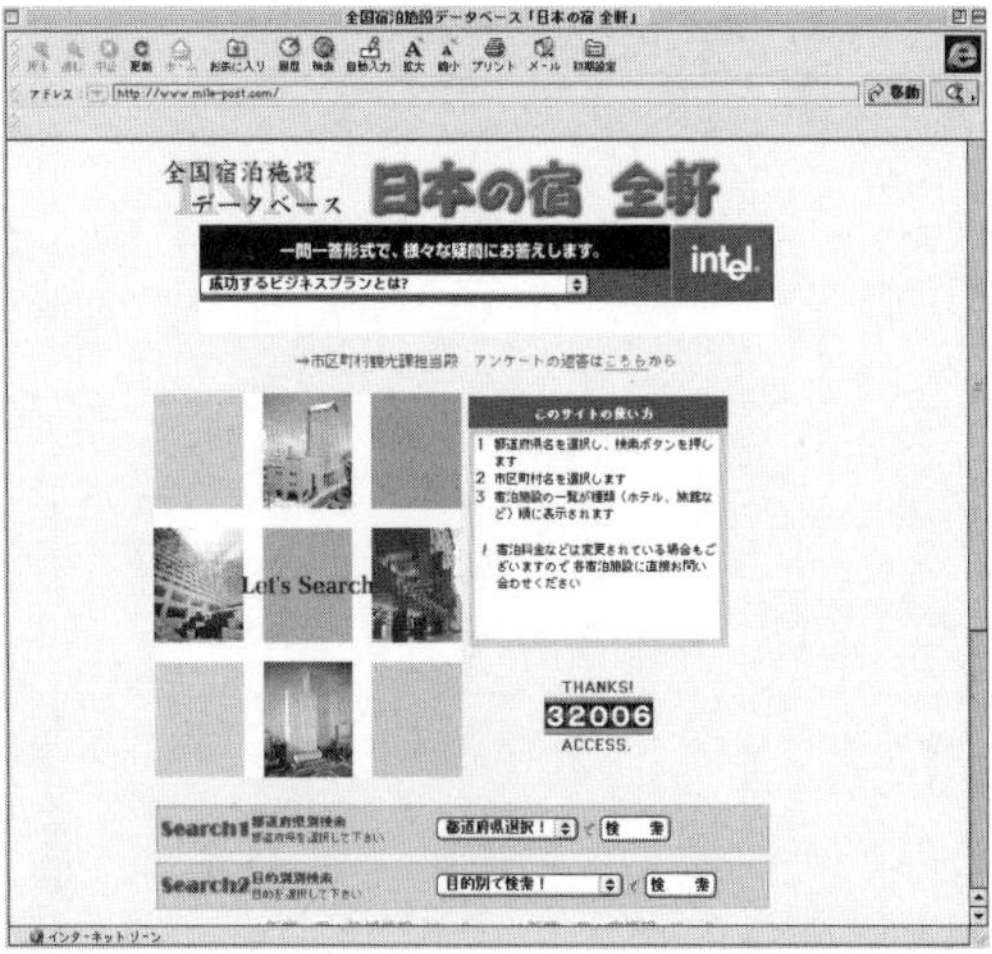

●見映えだけではない、「辿り着きやすい」仕掛け

図2は東京・銀座の時計ショップ「オメガショップカナヤマ」のホームページ(http://www.ginza-kanayama.co.jp)です。

時計という嗜好品なので、文字ももっと凝った書体にと思う人もいるかもしれません。しかしこれにも制作者の計算があります。

インターネットで初めてのホームページを見る場合、ほとんどの人は「検索サイト」と呼ばれる、一種のインターネットの道案内的な役割をしているホームページを利用します。ここで任意のキーワードを入力して、見たいホームページを探します。

たとえば、この「カナヤマ」のホームページに辿り着いた人は、検索サイトでこのお店の主要取扱い商品であるブランド名「オメガ」や「時計」、翌日デートで行くかもしれない場所名「銀座」など、ひとつもしくは多数の言葉を手掛かりにして訪れた可能性が高くなります。最初からお店の名前を知っていてその言葉で探す人はまれで

す。

この検索サイトで入力した言葉は、インターネット上にある膨大なホームページの「テキストファイル」から指定された言葉を探し出します。多少ややこしくなりますが、見た目が文字でも、ファイルとして画像扱いになっていると、この検索には引っ掛かりません。

このホームページは、このことを意識して、ほとんどの文字をテキストファイル扱いにしています。また、このホームページに興味や目的を持ちそうなユーザーが、検索サイトでキーワードとして使用しそうな

【図2 オメガショップカナヤマ ホームページ】

言葉をよく考えて、自然な流れの文章の中にちりばめています。

また、前述した通り嗜好性の強い商品なため商品の写真を沢山入れ、アップでも見ることができるようにしています。かつ、ファイルとして重くならないように簡潔な構成になっています。ファイルにはサイズというものがあり、これが大きいと表示されるのに時間がかかるので、ユーザーは待たされることになります。ユーザーの受けるストレスは想像に難くないでしょう。テキストファイルは小さく、画像や音楽などのファイルは大きいので、効果的な画像ファイルを、大きくならない範囲でどう使用するかはプロの腕の見せどころです。

他にもお店の地図や限定品情報など、必要な情報が非常に簡潔にまとめられています。

ビジネスツールもスピードの時代

●名刺作りに無駄な時間とお金をかけていませんか？

ここまでは「マーケティング」「社内ネットワーク」「ホームページ」というＩＴの代表的な案件について説明してきましたが、それ以外にもＩＴによる変化は身の回りのさまざまな点に波及しています。スピードの求められるビジネスシーンではなおさらです。

オフィスサプライ用品の発注をインターネットで迅速に、格安で行う流れがインターネット通販の本格化によって加速していますが、より身近なビジネスツールでもその傾向が見られます。名刺、社名入りの封筒や顧客に年末配付する卓上カレンダーなども、インターネットの利用によって迅速、格安に提供するサービスが登場しています。

こうしたサービスと従来の方法の違いを、名刺を例にして比較してみましょう。

従来の方法では、日頃から利用している業者に依頼しても発注してから納品まで数日を要するのが普通でした。また土日祝日などは通常発注できず、休日を挟むとその分遅れることになってしまいました。さらに1色刷りではなく2色、カラーとなるほど時間を要するのが普通でした。

また、最近は街の業者でも低コストで制作する業者が増えていますが、安価なほどデザインを選べず、ごく単純な雛形から選ぶケースがほとんどになっています。発注するのに手間もかかります。

インターネットで受注する名刺作成業者には、「迅速」「安価」「手間がかからない」「夜間や休日でも発注できる」などの特徴があり、これらの問題を解消しています。ただし、デザインのオリジナリティに乏しいという欠点があります。当社が運営する「インターネットの名刺屋さん」では、この点も解消すべく、データをお送り頂ければ完全オリジナルの名刺を作成することができます。

●翌日発送／激安のカラー名刺はいかがですか？

当社の名刺作成サービスは、所定のサイズやファイル形式でデータをお送り頂くことによって、完全オリジナルの名刺作成が可能です。納期もフルカラー（金や銀などの特別な色を除く）の名刺で、最短だと発注の翌日納品、かつ価格も１００枚２５００円から（送料別で２００枚からの受注。デザインやレイアウトを当社で行う場合は、版下作成費として５００円から）という安価さで提供しています。デザインにオリジナリティを求めない場合は、多種多様な雛形から選択することも可能です。

納期だけについていえば、計画的に発注することさえできれば従来の方法でも問題ありませんが、多忙さからつい忘れていて大事な面談の際に名刺を切らしてしまうなどということは案外起こりがちなことです。むろん、納期的に余裕のある場合でも、コストの低さは魅力です。発注はホームページ（図３）で所定のフォーマットに社名や人名、住所などを記入して頂きデザインを雛形から指定して頂くだけなので、手間もほとんどかかりません。

またこのサービスでは営業代理店も募集していますので、興味のある人はお問い合わせ下さい。

（http://www.meishiyasan.com/）

●封筒／卓上カレンダーなども提供

この名刺作成サービスと同様に、社名／ロゴ入りの封筒類や、年末に顧客に配付する卓上カレンダーも作成しています。

封筒は100枚3000円からで、卓上カレンダーは30セットで18000円から

【図3 インターネットの名刺屋さん ホームページ】

という破格さで提供しており、小ロットＯＫなうえ安価なためか、企業だけでなく個人の顧客にも沢山ご利用頂いています。今後はＴシャツのプリントサービスも計画しています。

これらのサービス（名刺も含め）は、ホームページ上で簡単に自動で見積りすることもできるので、顧客の手間はほとんどかかりません。雛形が沢山ある点や完全オリジナルで作成可能な点なども、すべて共通しています。

またカラーコピーならぬカラープリントサービスもしています。

今や安価な個人用パソコンにもグラフィック系ソフト（絵を描いたり、デジカメで撮った写真を加工／編集するソフト）が付属されていることがあり、家庭用のプリンターと合わせてさまざまな物を印刷し楽しむ個人ユーザーも増えてきました。

こうした背景のなか出力だけを高品位で行う「出力センター」が都心部には点在していますが、至るところにあるわけではなく、また価格も最低数百円からと結構バカにならないのが現状です。記憶メディアに保存して店舗まで持参するのが普通なので、手間も時間も非常にかかります。

パソコンで処理したカラーのデータを印刷する方法は、出力センター以外にも数通りあり、それぞれ特徴があります。

従来からある印刷所でももちろんできますが、小ロットだと単価が高くなるため、印刷する枚数が少ない場合は不向きです。

家庭用のインクジェット・プリンターもだいぶ品質が高くなってきましたが、カラー印刷の場合、処理時間がだいぶかかります。レーザープリンターなら処理速度は速くなりますが、安くなったとはいえ、高価です。特に、カラーで、ある程度以上のクオリティの物と考えると、まだまだかなり高価になってしまいます。

当社のカラープリントサービスは、前述のサービス同様、メールでデータをお送り頂き、その翌日には発送できるシステムで、1枚当りの単価は30円です。カラー印刷を安価に、手間をかけずにしたい場合は最適です。インターネットで、家や事務所から発注して、即届くので、手間もコストも大きく削減できます。個人の方の利用も増えています。

ＩＴで登場するさまざまなビジネス

●ホームページでどんなビジネスを企画するか？

さて、ホームページをどう制作するかは前述しましたが、まだしたいことが決まっておらず何か新しいことを始めたい場合、ホームページではどんなビジネスが考えられるのでしょうか？

その一例として、まず当社が運営する「スタイルアップネット」（図4 http://www.style-up.net/）を紹介したいと思います。

「スタイルアップネット」のコンセプトは「オン・オフタイムのさまざまなスタイルをワンランクアップさせ、ポジ（能動的）スタイルを実現する上質コンテンツサイト」。このコンセプトに基づき、最終的には「メーカーとユーザーの垣根をなくす」ことを目指しています。

内容は、プレゼント情報を中心に、製品モニターの募集案内やアンケート、クーポン券、お買い得ショッピング情報、パズルなどを掲載しています。ホームページ上で新製品についてディスカッションしたり、商品企画をメーカーに売り込んだりすることもできます。ユーザーが消費者であると同時に生産者ともなるサイトに育てています。

また「サイバーポイント」システムを使い、貯めたポイントと製品を交換することもできます。このポイントは、ユーザーが「アンケート」に答えたり、「口コミ情報」を投稿したり、各種キャンペーンに参加することで獲得できます。ユーザーは貯めたポイントと引き換えに素敵な商品に換えたり、当選確率の高い特別懸賞に応募する資格を得ることができます。

ユーザーにとっては無料で商品を手に入れたり、自分のアイデアを形にできる可能性があり、メーカーにとってはユーザーの生の声を聞くことができ、双方にとって非常にメリットの高いサイトになっています。

ユーザーには最初に会員登録をしてもらいます。会員登録といっても無料で、ホームページ上にある所定のフォーマットに若干自分の情報を記入するだけなので、気軽に参加できます。

このサイトのポイントは、「参加型」である点です。ユーザーもメーカーも気軽に、スポット的に参加できるのが特徴で、会員数もメーカー側の参加も確実に増加しています。ホームページでビジネスをしていくには、この「参加型」である点が非常に重要です。インターネットのメディア特性である「自宅や出先で、気軽に参加でき

【図4 スタイルアップネット ホームページ】

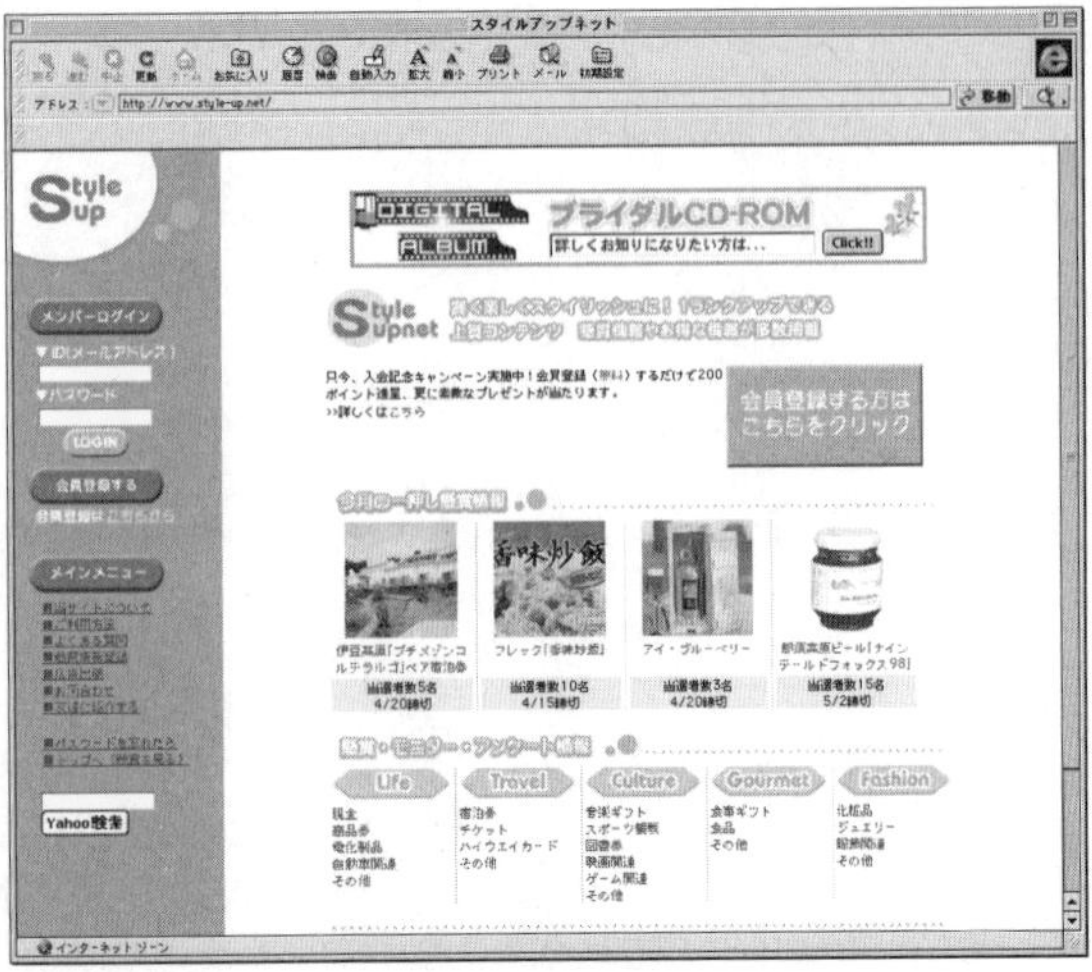

る」点をフルに活かすほど、アクセス数は上がります。

またこのサイトは、4章で紹介した「MAPS」を補完する役割も持っています。「MAPS」が企業向けのサービスであるのに比べ、こちらは個人向けの総合情報サイトで、この両方で得た情報が互いに関わりあって相乗効果を上げていきます。

この、複数の情報を資産として互いに関わらせ、相乗効果を上げていくという点も、インターネットでビジネスするには欠かせない発想です。

●行きたいお店もネットで探す時代

雑誌では「グルメ情報誌」が沢山ありますが、それをインターネットで展開するケースも増えています。

こうしたサイトをユーザーが利用するメリットは計り知れないものがあります。雑誌の情報は一店当りごく限られてきますが、ホームページではお店の外観や内装、メニューなどの写真から、詳しいメニュー、スタッフの感じ、地図や電話番号などの連絡先まで、実に詳しい情報を自宅や出先で気軽に手に入れることができます。家にいながらにして多数のお店を探せ、個々のお店がホームページを開設している場合はメールで問い合わせすることもできます。

当社も運営しています（http://www.gourmet-space.com/）ので、一度ご覧になってみて下さい。このサイトでも、会員登録することによってユーザーは食事券をもらうことができたりします。こうして、ユーザーにメリットを与えることによって顧客データを集めることも、(インターネットに限らず)ビジネスでは非常に重要です。集めた顧客データは「MAPS」のクライアントがPRしたい相手かもしれません。このサイトも有機的に他のサービスと関わらせることができます。

●リスクの少ないネット販売へ進出

インターネットでは、低コストで商品を販売できるため、気軽にネット販売を始める人も多いのですが、ただホームページを作ってインターネットにアップしても、誰も見てはくれません。そこで、インターネット上のショッピングセンターともいえる「ショッピングモール」に出店する方法がよく採られます。

ショッピングモールの特徴は「ネット通販用のシステムを安価で利用できる」「集客力がある」などで、すでに沢山のショッピングモールがあります。

当社が運営するショッピングモール「インターネットのお店やさん」(http://

www.omiseya.net/）には独自の特徴があります。それは、ひと言でいえばリスクの少なさです。通常、ほとんどのショッピングモールはそれぞれのお店が個別に受注し発送するシステムになっていますが、当社では商品をいったんお預かりするので、ユーザーはモール全体で買い物をした後に決済すればよく、手間がかかりません。手間がかからないほうがまとめ買いする可能性は高くなります。また当社が責任を持って商品をお預かりするため「代金を支払ったのに商品が到着しない」という、通販ではありがちな問題も解消され、ユーザーの信頼度は上がります。

この「信頼度」も、インターネットでのビジネスでは重要なポイントです。インターネット上では運営母体の実像が見えにくいため、ユーザーは信頼できるかどうかを大きな判断材料にします。

また、出店者にとっても「商品を送ったのに支払いされない」という問題が解消されます。出店者には売上げの10％を手数料として徴収しますが、それをこの「ワンクッション置く」作業にあてています。梱包なども当社でしているため、手間の削減にもなっています。また個々の商品に個別に送料がかかってしまうための割高感も、一括発送することでクリアされ、より安価に提供することが可能です。

このサイトでも、前述の「スタイルアップネット」の会員は割引になったり、ポイント交換ができたりと、やはり他のサイトと相乗効果を上げるための仕掛けがあります。

●見積もり作業もネットでする時代

仕事には、本来の担当業務以外の、事務的な作業がつきものですが、こうした作業を効率化しようとする動きも活発化しています。

たとえば、見積もり業務。

新規の業者により安く発注したい場合や業者を知らない場合などに業者を探し、見積もりを依頼する作業はかなりの手間です。これをインターネットで手間をかけずにすることもできるようになりました。

当社の運営する「みつもりタウン」（http://www.mitsumoritown.com/）は、多種多様な業種の登録業者から、即座に比較し最も安い業者を無料で探すことができる画期的なサイトです。

ユーザーはそれぞれ別の業者に見積もりを依頼して自身で集計する必要がないため、かなりの手間を削減できます。

登録企業にも、新規顧客を、営業せずに開拓できるという素晴らしいメリットがあります。登録料は月額たったの３０００円。さらに、希望者には無料でメール＆ウェブサーバースペースを貸し出しているため、「レンタルサーバーを借りるより安い」と好評です。

●複合的な展開が大切

さて、ここまでインターネットで展開するさまざまなビジネスを紹介してきましたが、事業者としては、これらを単独で行うよりも複合的に展開することでより多くのメリットを得られることがおわかり頂けたと思います。

4章で紹介した「ＭＡＰＳ」では、これら個別のサイトを適宜組み合わせて提供することで、より多くの成果を挙げています。

複合的に関連させることで、より多くの顧客データを獲得することができ、またその種類も多岐に渡るため、「ＭＡＰＳ」のクライアントの要望に応じた細かい提案ができます。クライアント、ユーザー双方が求めている「出会い」を、効率よく叶えることができます。

複数のサイトで共通して利用できるポイントシステムを設けることで、それぞれのサイトのアクセス数が増えるようにしています。ユーザーにもクライアントにもメリットが多くなるよう工夫しています。持てる資源の可能性を最大限に引き出すことで、同じコストでも段違いな効果をあげています。重要なのは、やはり絶えまない創意工夫といえるでしょう。

こうした複合的なサービス提供には、「単品」的な提供よりも多くのノウハウが必要になりますが、もし自社にノウハウがなくても、実施する方法はあります。相互がメリットを持つパートナーを見つけ、提携すればいいのです。未知の分野で一から始めるよりも、すでにノウハウを持っている企業と提携したほうが、はるかに低コストで済ませることができます。

とはいっても、なかなか信頼できるパートナーは見つからないもの。頻繁に中小企業同士の交流、出会いの場に参加することが大切です。5章で、当社も参画している中小企業の支援団体も紹介します。

●専門サイトで信頼を得る

当社では、広く一般的なユーザーを対象としたサイトだけではなく、専門的な知識とノウハウを要求されるサイトも運営しています。

「桐」という、日本で生まれ育った優れたデータベースソフトがあります。このソフトは、データベースソフトとして有名なマイクロソフト社の「Ａｃｃｅｓｓ」などに比べると一般への認知度が低く、メーカーの規模も大きくないためサポート体制も充実していませんでした。また関係書籍などもそれほど多くないため、ユーザーにとって充分な情報が提供されているとはいえない状況でした。

このソフトは、純日本製ならではの、日本の商習慣にマッチした、非常に使い勝手のよいものになっています。「Ａｃｃｅｓｓ」などでは専門的な知識が必要なことでも「桐」でなら簡単にできることがあり、またかなり凝ったことでも、ユーザーの少々の努力でできるようになっています。ただ、前記したように関連書籍が少ないうえユーザーが簡単には使いこなせない奥深い部分も持っているため、より高度なことをしようと思うと、壁にぶつかることもあります。

私自身はこのソフトをプロとして15年以上使っており、その過程でこのソフトのメーカーとも非常に親しくなって、今では「桐」を使った共同開発を行ったり、展示会などで当社のシステムを一緒に展示したりと、密接な関係が出来ています。

また「桐」は非常に優れたカスタマイズ機能を持っているため、「セミオーダーメイド」方式でデータベースを作成するとき、この「桐」をベースにすることがよくあります。その開発作業で得たノウハウを公開し、新たなビジネスチャンスに結びつけようと、「桐」専門のサポートサイト「桐110番」(http://www.kiri110.com/)を開設しました。

このサイトでは、簡単な質問への回答やノウハウは無料で提供し、より専門性の高いノウハウの提供、また実際の開発作業、作成作業が必要なケースのみ有料で行うシステムにしました。「桐」を使って開発を行う競合他社はいくつかありますが、同様のサービスを行っている会社がなかったため、「このサイトを運営している会社」という事実によって受注できるケースが生まれてきました。専門サイトで信頼を得たことによって収益につながったわけです。

このケースは、「桐」がそれほどメジャーなソフトではなかったため競合する業者の少ないニッチ（隙間）市場であったことと、関係書籍やサポートも整備されていなかったため、情報に飢えていた「桐」ユーザーのニーズに合致したことによって成功したといえます。こうしたニッチである点も、とりわけ大規模ではないビジネスには重要な要素です。ニッチな市場は、気付かないだけで、実は至るところに存在します。

またこのサイトは、受注機会の増大やサイト自体での収益を目的として、スタッフ（技術者）のアイデアで実現しました。大企業に多いトップダウン方式ではない、中小企業ならではの自由度の高さによって実現した好例でもあります。

●記念アルバムもデジタルで残す時代

「IT」とは少し離れますが、デジタル関連ということで記すと、従来のアナログなメディアとデジタルなメディアの違いに着目する、という発想もあります。

結婚式などの大イベントには記念品がつきものですが、その代表的なものである「記念アルバム」をデジタル化しようという動きもあります。

写真をデジタルで残すと、さまざまなメリットがあります。

まず、紙の写真は色褪せて茶色く変色しますが、デジタルデータならそういったことは起こりません。「劣化」しないのです。フィルムも、温度や湿度などに注意して厳重に管理しないとよい状態を保つことはできませんが、CDならこうした点も解決できます。後から、紙の写真でいう「焼き増し」したい場合にも困らないわけです。

またコピーが非常に簡単にかつ安価でできます。紙の写真の場合一枚当たり数十円から、記念写真の場合数千円もかかることがありますが、デジタルデータの場合、C

D一枚当たりにかなりの枚数の写真が入ります。

さらに、音楽や文章でのコメントを映画仕立てで入れることができるという「楽しさ」も見逃せません。

当社ではこうした「デジタルアルバム作成サービス」を結婚式場などを介して行っていますが、結婚式に限らず、お手持ちの写真をお借りすれば、どんなタイプのアルバムを作ることも可能です。今は素人の方がこうした作業のできるソフトが発売されていますが、写真一枚一枚の処理から全体のディレクションに至るまで、プロがすると格段の違いが出ます。またそうしたソフトは高価であることが多く、仕事で使うのでない限り手が出る金額ではありません。安価なものもありますが、そのクオリティは低く、記念品には不向きです。

現在、時代が変化する大きな節目にいる私たちには、さまざまなビジネスチャンスがあります。

【5章】

21世紀に求められる物とは？

到来するブロードバンド時代

●電話線が太ーくなるブロードバンド時代

さて、21世紀が本格的に動き出しました。少し前までSF的に感じていたことが現実のものとなるのをわたしたちは何度となく目撃してきましたが、今後はどんな世界になっていくのでしょうか？

まずキーワードとなるのは「ブロードバンド」です。

「IT」ほどではありませんが、最近話題になることの多いこの言葉。みなさんもよく耳にするようになったことと思います。「ブロードバンド」とは、ひと言でいえば「電話線が物凄く太くなる」ことだといえます。実際には電話線を使うとは限りませんし、物理的に「線」が太くなるわけではありませんが、おおむねそう考えておけば間違いないと思います。要するに、一度にやり取りできる情報量がケタ違いに多くなるということです。

インターネットを利用する場合、今までは電話線をパソコンに繋いでするのが一般的でした。しかしその方法だと、インターネット接続業者の回線が混んでいると繋がりにくかったり、そうでなくても写真などの大きなファイルのあるホームページだと表示されるまでに時間がかかったりと、利用者は決して快適な環境でインターネットを楽しめたわけではありませんでした。電話料金も気になります。

よく利用する人は通常の電話回線ではなく「フレッツＩＳＤＮ」などを利用していたかもしれません。「フレッツＩＳＤＮ」は料金はいくら使っても通信料金が増えない「定額制」で月額２９００円（平成13年11月現在）。これにインターネット接続業者の接続料金が大体月額２０００円程度加わるという形が一般的でした。

しかしこの方法でも、インターネットの通信速度は64Ｋｂｐｓ（キロｂｐｓ。ｂｐｓは通信速度を現す単位で、数字が大きいほど速い）で、通常の電話回線（最大56Ｋｂｐｓ）とほとんど変わりません。また、フレッツでないＩＳＤＮでは速度は64Ｋｂ ｐｓとかわらず定額制でなく従量制（使った分だけ通信料を払う）であるだけです。これがブロードバンドになると１Ｍ（メガ。キロの約１０００倍）ｂｐｓから、場合によっては１００Ｍｂｐｓ以上になります。実に通常の電話回線やＩＳＤＮの数十倍から数千倍になります。

料金も、固定制が当たり前になるためいくら使っても基本料金しかかかりませんし、また今までのように使うたびに電話をかけて接続する必要もなく、常にユーザーのパソコンはインターネットに接続されている状態になります。

今までのように回線が混んでいると繋がりにくい、ホームページがなかなか表示されないなどということはなくなり、大きなファイルもあっという間に表示されます。たとえば映像を見る場合、今までの、コマ送りのような「動画」とは名ばかりの紙芝居的な映像ではなく、テレビのような美しい映像をインターネットで見ることができます。

インターネットの利用頻度が高まるとともに、今まで利用していなかった人たちもかなりの割合で始めるようになる可能性が高くなります。

2章でも記した通り、政府も国をあげて日本中のブロードバンド化を推進しており、2003年から2005年頃にはかなりの世帯にインターネットが入り込んでいくのは間違いないと思われます。

●「何《なに》でインターネットするか」も多様化

インターネットのインフラは通信回線だけではありません。情報を何《なに》で受け取るか―端末の環境―も重要です。

前述の通り、今まではパソコンでインターネットを利用するケースがほとんどでしたが、今後はユーザーに多くの選択肢が与えられます。

2000年頃より、iモードをはじめとした携帯電話でのインターネット利用は急激に伸びてきましたが、ほとんどはメールだけの利用で、インターネットといっても文字だけのホームページを見る、ユーザーから見たらあまり利便性の高いものではありませんでした。それが次世代携帯電話の登場で変わりつつあり、次世代型の伏線ともいえる「ｉアプリ」が爆発的にヒットしました。またＰＤＡ（超小型の携帯できるパソコン）や自宅のテレビから電子レンジ、通常の電話機など家庭の電化製品でもインターネットが利用できる時代になってきています。

インターネットの普及度や利用率の増加を阻んできた理由のひとつに、パソコンの操作性の難解さがあげられますが、それも非常に簡単になるため、今まで利用率の低かったお年寄りや子供、女性などへの急速な普及が見込まれます。

ビジネスする側は、ユーザー側の利用する環境を考えて情報を発信することが重要になってきています。

●変わる生活や仕事の環境

こうしたインターネットインフラのブロードバンド化は、わたしたちの生活に多大な変化を引き起こしつつあります。

たとえば、携帯電話でテレビ電話したり、銀行振込したり、株価が変動したら自動でそれをチェックしたり、家や会社のパソコンで大学の講義を受講したり、外出先から自宅のテレビ録画の予約やエアコンのセットをしたり、はたまた自宅のテレビで、ドラマの中で女優が着ている服をその場で即購入できたり……そんなSF的な世界がすでに実用化の段階に入ってきています。

仕事する現場もどんどん変わっています。

今まで仕事するのに不可欠だったアプリケーションソフトは買わずに借りる時代になりつつあり、しかも、いわば自分のパソコンの中身をインターネット上に置いておくということも可能になり、自動販売機は無人で自ら在庫・販売状況を「発信」

したりするなど、効率を上げてコストをどんどん下げる方向に向かっています。このことは、競争力がないと生き残れないことを意味してもいます。

何もわたしたちの生活がある日突然大幅に変わるわけではないので臆する必要はありませんが、社会の変化を頭に入れて、徐々にでも対応していくことが必要です。

ブロードバンド時代はどんな世界になるのか

●自動化できることはすべて自動に

ブロードバンド時代はわたしたちの生活やビジネスにさまざまな変化をもたらします。ここではより具体的にどんな場面がどう変わっていくのか、またそこでわたしたちはどう対処していけばいいのかを探っていきます。

ブロードバンド時代にはさまざまなものが自動化されます。これにより、飛躍的な効率化が見込めます。仕事だけではなく、日常生活や余暇の至るところで効率化が進みます。

効率化は多くの「時間」を生みます。仕事では煩雑な事務的作業が減り本来の業務に集中できたり、企業全体の収益性が上がれば従業員一人ひとりの収入が増える可能性もあります。また余暇時間も増える可能性が高くなり、趣味に没頭したり、家族と過ごす時間を増やすこともできるかもしれません。

「機械」を利用して自動化していくことは、とかく無機的で人間同士のコミュニケーションが失われていくと捉えられがちですが、その限りではありません。ＩＴをあくまで道具であると認識して有効に利用すれば、失われたアナログなコミュニケーションを復権させることすらできます。

すでに、一人暮らしのお年寄り同士がインターネットを通じて知り合い、それまでとはまったく別人のように活き活きと暮らし、周囲を驚かせている例なども増えてきています。

ＩＴは鉛筆やノートと同じ道具ですが、その高度さ、難解さなどでアレルギーを起こしてしまう人が多いようです。しかしそこで少し慣れてみて、自動化できることは自動化し、自分のペースで利用すると、むしろ今まで以上に人間的な生活ができることもあるのです。

●変わらないもの／変わるもの

前述のお年寄りの例のように、ＩＴ技術を利用して提供される「中身」にはより人間的な部分が重視され、より「アナログ」なものになっていくことが予想されます。

ＩＴ黎明期では、技術やインフラが貧弱だったため、そんなサービスは不可能でした。技術が進むにつれ、最先端の技術は、より人間的なサービスを提供できるようになりました。

たとえば、今後、より技術とインフラが発展すれば、地方の実家に住むお年寄りに、東京から孫の顔を、まるでＴＶを見るように簡単に見せることもできるようになります。この程度のことなら、ブロードバンド時代には簡単にできます。自宅にはそれぞれ小型のパソコン用カメラとパソコンがあれば充分です。

一方で中身を覆う「器」のほうは、よりＳＦ的―近未来的―なものが増えていきます。次世代型の携帯電話などはその最たるもので、すでにそういったデザインのものが出始めています。それは、どうみても携帯電話には思えない、昔見たマンガや映画に出てきたものにそっくりです。

街中でも、携帯電話の画面部分に映る話し相手の顔を見ながらテレビ電話をしていたり、イヤホンをつけて音楽を楽しんでいたりする姿が少しずつ増えていくと思われます。

また、運転手が居眠りしながら自動で車が目的地まで誘導されたり、それはそれは夢物語でしかなかったようなことが、実用化一歩手前のところまできています。

同時に、無機的な「器」にアレルギーを感じる人も多いことから、温かみを強調したデザインも増えるかもしれません。こうした点にもビジネスのヒントがあるでしょう。

よくある懸念に、何でも自宅でできてしまうため、人間がより「万人オタク化」していくというものがあります。それは動物としての機能が損なわれていくことでもあります。

確かにそういった面はあるかもしれません。しかし、「善い悪い」ではなく、「変わる」という事実に変わりはありません。その環境のなかで、どう暮らしていくかを考えるしかありません。自宅で何でもできるようになる代わりに、自然派志向も増えるでしょう。結局、すべて本人が自分で考え、どう暮らすか、ということに尽きます。

●より求められる「かゆいところに手が届く」サービス

前述した「ＯｎｅｔｏＯｎｅ」的なサービスは加速し、また技術的にも、よりそれを支援することになるため、顧客の「ワガママ」により多く応えられるサービスに人気が集まるでしょう。

顧客が不満を抱えている問題をクリアしたり、顧客自身が不満と自覚していなかったサービスを自ら提案したりするサービスを考えていかなければなりません。

それは、何もＩＴを前面に打ち出したサービスであるとは限りません。表面的にはどこまでもアナログで、そのサービスを支えている技術がＩＴである、そういうケースのほうがむしろ多くなると思います。

より進化するＩＴ技術は、スピードと、自動化と、キメの細かさを提供します。この点に常に注視して、サービスを考えていく必要があります。

事業者側は、作業をより効率的に自動化できないと、かえって作業が増えることにもなりかねません。たとえば、インターネットは「24時間営業」です。顧客にとっては、事業者が寝ている時間が見えなくなります。顧客はワガママなものです。メールで問い合わせして、すぐに返答がないと怒って悪口をいわれないとも限りません。こうしたケースでは、自動ですぐに返信できるシステムを導入するだけで印象はまったく違うものになります。人間の判断が必要なことは、後日、あらためて連絡するようにします。

顧客一人ひとりの性別や居住地、年齢などの一般的な違いだけではなく、生活パターンや行動パターン、嗜好などまで含め、より「かゆいところに手が届く」サービスが問われていきます。

●あらゆることが過渡期に

経済全体も、小泉政権が誕生し、目先のごまかし的な政治から文字通りの「構造改革」が始まろうとしています。このことが経済全体に及ぼす影響は計り知れないものがあります。この構造改革では、根源的な部分から改革するために、今日明日は「耐えしのぶ」過渡期と位置付けています。ＩＴ技術の進歩および一般社会への広く深い浸透は、ちょうどこの改革と機をひとつにしています。

また、出口の見えない不況や常軌を逸した犯罪がたて続けに起こるなど、日本全体がブキミな閉塞感に覆われていることから、今後の日本を悲観する向きもありますが、わたしは悲観はしていません。この点でも、やはり過渡期にあるように感じています。

現在は、明治維新を皮切りに敗戦、復興、バブルと目まぐるしく変化し続けてきた日本の、新しい時代に向けての過渡期にあるような気がします。変化が急速過ぎておざなりにされてきた問題が一気に噴出する時期なのではないでしょうか？　そのタイミングで、「時代」というより、蓄積した「膿」が一気に出ているときなのではないかと思います。

経済を含めた社会全体の構造改革には時間がかかります。それと同様ＩＴ技術が浸透し、それが生活の一部としてごく自然に受け入れられるのにも、しばらくは時間がかかるでしょう。

わたしたちは産業革命以来の劇的な環境変化の時期を生きています。この変化にアレルギーを感じる人もいるでしょうし、この時代を生きていることに刺激を感じる人もいるでしょう。いずれにせよ、さまざまなことが大幅に変わっていくのは間違いありません。この過渡期を、どういう意識で生きるかが、一人ひとりの今後を左右していくのは間違いなさそうです。

中小企業はブロードバンド時代にどう対応していくか？

●マスコミに踊らされず身の丈に合ったやり方で

ＩＴアレルギーの方の多くは、マスコミが報じる、多少強迫的ともいえる報道のせいで、より拒絶感を持ってしまうようです。しかし変化は少しずつですし、慣れれば万人に有効に利用できるものであり、また、今後はさらに「とっつきやすい」ものになっていきます。

「こんなもの」という固定観念を捨て、マイペースに、身の丈に合った方法で利用していけば、ＩＴは万人に福音をもたらします。

アレルギーを感じる方は、まず趣味の分野から入るといいかもしれません。ビジネスとして利用するうえでも、ユーザーになってみる必要がありますから、趣味のジャンルのホームページをいろいろと見てみたり、インターネット通販で美味しそうな物を買ってみたりするところから入るのは非常に理に叶っています。利用者の心理もわかります。

インターネットには実にさまざまなホームページがあります。企業が運営するものだけではなく、個人が運営する趣味のホームページにも非常に盛り上がっているものが沢山あります。そうしたホームページはコミュニティ性が強く、同じ趣味を持つ者同士ならではの出会いも沢山あります。

インターネットは、世界の反対側の人ともダイレクトに繋がるという点での「距離のなさ」が強調されがちですが、実はそれまで知らなかった「隣人」を結びつけることも多いのです。前述したような趣味のホームページで出会い、いざ会うことになり住所を確認したら、徒歩30メートルのところに住む人だったなどということも起こります。

4章でも触れましたが、たとえば街の商店でも、毎日の作業でもっとラクをしたいとか、それで生まれた時間で今後はもっと趣味に興じる時間を増やしたいとか、煩雑な事務作業を少しでも効率的にやって、ほかの新しいことを試してみたいとか、ごく身近なことから始めればいいのです。

何も、「やらないと生き残れない」式にやりたくもないのに始める必要はありません。始めて、慣れれば、やり方さえ間違っていない限り必ず何がしかの恩恵はありますから、「慣れれば楽しいはずだ」くらいのつもりで、マイペースにやってみることが大切です。

●身軽さを最大限に発揮しよう

中小企業がITを利用して新しいビジネスを始めるには、大企業とは違うことをしなければ成功できません。また、当初は成功しても、簡単に真似できることでは、巨大な資本力を持つ大企業がすぐに模倣して、一気に抜かれてしまいます。では大企業と比べて中小企業の有利な点とは、どういった点なのでしょうか？

まずは、フットワークの軽さです。巨大な力を持っている代わりに、その図体の大きさから大企業のフットワークは非常に重いといえます。リストラだスピードの時代だと騒いでいますが、日本の大企業の実情は、驚くほどノンビリしているものです。プロジェクトのアイデアが出てから実施するまでに、驚くべき時間と費用をかけます。上司からさらに上司へと、また協力が必要な部署も含め、コンセンサスを取るのに非常に時間がかかります。失敗を恐れる気風と、社内の政治的な問題、人間同士の好き嫌い、部署同士の対立など、無駄な要因が複雑に絡まりあってスピードを遅くしています。

これに対し、中小企業では、決めたら即実行することができます。フットワークの軽さによるスピード。これだけで特化している例は多々あります。規模が大きくなった場合は、また新たにプロフェッショナルな経営力を身に付ける必要がありますが、まずは先に先にと仕掛けていくことが大切です。

また、モチベーションの強さも見逃せません。大企業で作業をしている人は、基本的にサラリーマンです。急にリストラされても、退職金があったり失業手当があったりしますが、中小企業の経営者は明日、明後日の暮らしが常にかかっており、通常は倒産すれば自身の資産もすべて手放すことになります。

モチベーションは年を取るごとに失いやすいものですが、何よりの武器にもなります。単純な精神論ではなく、モチベーションを持ち続けることは大切です。

●特徴で勝負！

少しずつ変わりつつはありますが、まだまだ日本の企業はみな競合他社の出方をうかがってばかりで、似たり寄ったりの戦略を取ることが多いようです。しかし、中小企業は似たようなことをしていたらもともと勝負にならないため、あらかじめ違うことをやるしかありません。

大企業でも、先を行く企業や独自のポジションを獲得した企業は特徴的な戦略に出た企業が多いのです。

たとえば、パソコンはごく最近までみな似たりよったりのデザインがほとんどでした。よくもまぁこれまで、と不思議でしたが、みな一様に薄いベージュかグレーの四角ばった何の特徴もないデザインのものばかりでした。その時、パソコン市場がすでにマイクロソフト社の「Ｗｉｎｄｏｗｓ」の独壇場になっていて窮地に追い込まれていたアップル社が、実にカラフルでかつ丸みを帯びた、若者受けするデザインのパソコン「ｉＭａｃ」を発売して大ヒットさせ、復活しました。

また、日本ではその異端さから世界企業に昇りつめたソニーも、デザイン性を重視したノートパソコンを真っ先に発売し、やはり大ヒットさせました。

こうした例は数限りなくありますが、中小企業では、より特徴的であることが求められます。サービスや商品が特徴的であると、客層も特徴的になる場合が多く、そのことも特化する大きな要因となります。マニアックな客層は、その後の努力を怠らなければ貴重な財産になります。マニアックなほどではなくても、通常のスタイルに少し特徴を加えるだけでも、それがニーズに合致していれば特化する要因になります。

同じことを追いかけるのではなく、常に「何か違うこと」と意識してアイデアを絞り出していくことが大切です。

●独自の土俵で勝負！

アイデアのユニークさだけではなく、規模も重要な目安です。勝負する土俵―対象―となる顧客の規模が小さいと、かりに大企業が真似しようとしても「旨味」がありません。

規模を限定する場合は地域性が重要ですが、安くていい商品やサービスが大手によって続々と登場している昨今、地域性だけで勝負するのは難しくなっています。こうした場合は、アフターケアや、コミュニケーションを含めたサービス面、独自の商品などに、やはり特徴が必要です。

前述した特殊な客層で勝負する場合も、あえて潜在顧客が少ないマーケットを選ぶという方法もあります。ニッチ（隙間）なニーズは、なかには非常に潜在顧客の多いものもあります。こうしたマーケットでは、徐々に規模を拡大することも可能ですが、趣味性が強く、かつ自身がその趣味によほど精通していない限り、規模が大きくなるほど真似される可能性も増えます。

会社を大きくしていきたい場合、前述したような、先にやり続けるフットワークと独自の戦略が必要ですが、会社を大きくしようとは思っていない場合でも、小さなマーケットを確実に守っていかなくてはなりません。すでにマーケットを持っている場合でも、これから始めて小規模に展開していこうと思っている場合でも、そのことに変わりはありません。従来通りに何となく商売を続け、ただ景気が回復するのを待っていて生き残れる時代ではなくなっています。ライバルは増え続け、顧客はどんどんワガママになっています。

顧客は常に進化、変化します。顧客の年齢層が限定されるビジネスでは、常に新たな世代が対象となり、特定の顧客を持っている場合は、その顧客はいつまでもその年齢でいるわけではありません。

小規模でも、やはり独自の土俵が必要で、事業者は変化し続けなければなりません。

ベンチャー企業予備軍へのメッセージ

●ベンチャー企業に就職する人は一起業家の意識で

一時期ほどではないものの、相変わらずベンチャー起業、就職ブームが続いているようです。大手人気は依然変わりませんが、就職難も手伝ってか、ベンチャー系企業にも単純な意味では優秀な人材が流れ込んでくるようになりました。しかし、ベンチャー企業に就職するということの意味をよく理解せずに、ベンチャー企業を志望する人も多いようです。ひと言でいえば、オイシイことだけ考えている、という例が意外と多いように思えます。

ベンチャー企業に就職するということは、大手に入るのとは比較にならないくらいの強いモチベーションが必要です。形は「就職」であっても、一起業家のつもりで臨む意識が必要です。比較的自由な社風で、したいことができやすく、もしかしたら通常では考えられない収入を手にする可能性もあります。しかし、その代わりに安定を望むことはできません。

今どき大手だっていつどうなるかわかりませんが、とはいっても大手のほうがだいぶ安定しています。社会的イメージがあるため簡単にはクビにはしないし、辞めるときの退職金だって大きいと思います。それに比べてベンチャー企業は、急成長する可能性もありますが、急降下する可能性だってあります。そのリスクへの認識が必要です。

何時から何時まで働いて「給料を貰う」という感覚の人には、ベンチャー企業は不向きだといえるでしょう。自分の食いぶちは自分で稼ぐ、という強い意識が必要です。できれば、入社時にすでに具体的なしたいことがあり、とはいってもいきなりでは経験も知識も資金もない。だから独立することを前提に、さんざん暴れてやるくらいの気構えのある人が最も向いているかもしれません。

漠然と「ＩＴやりたい」「業界に入りたい」では話になりませんが、意外にそんな人が多いのに驚かされます。ほとんどフリーター感覚です。当社はほんの数年前まで3～4人でやっていましたが、急速に仕事が増えたとき求人誌に掲載したところ、100人以上の応募がありました。できるだけ多くの人に会いたかったため、毎日毎日、分きざみで面接しましたが、残念ながら思うような人はなかなかいませんでした。偏差値的には優秀でもただ何となく面接を受けていたり、コンピューターにはすごく詳しいものの、まったくモチベーションがなかったり、という人がほとんどでした。

そのときに当社が設けた選考基準は「面白いヤツ」だけでした。「面白いヤツ」とは可能性、期待感を持たせる存在、というところでしょうか。即戦力であるにこしたことはありませんが、技術は情熱さえあれば後から付いてきます。結果的に、パソコンに触れたことのない、しかしその代わりにしたいことがはっきりとしていて、強いモチベーションの感じられる人など、数名を採用しました。

当社では、極端な話「乗っ取ってやる」くらいの意欲がある人が欲しいといつも思っています。実際に「乗っ取る」ことはなくても、そうした人材だったら独立を支援したり、独立後もいい形でアライアンスが組めるかもしれません。ベンチャー企業では、全員が一事業主の意識が必要です。

その意味で、ここではベンチャー企業に就職したい人も起業したい人も同列に扱って話を進めます。

●まずは「ひとりでできる」ことから

さて、いざ起業する際に心掛けなければならないのは、まずは「人をアテにしない」ということです。

こう書くと閉鎖的な感じがするかもしれませんが、決して孤立する、ということではありません。人と協力し合うが頼らないというか、依存度を低くするということです。最終的に、周囲の人がみな急に倒れたりしても、頑張れば自分ですべてできることをする、という形がベストです。

経営者は、会社のプロデューサーです。会社のプロデューサーは、モノ作りの現場のことから営業、財務、総務に至るすべてのことを理解し把握できなければなりません。もちろん、作業の細々としたことまですべて知らなければならないわけではありませんが、どの業務にはどんな作業があり、どれくらいお金と人と時間がかかるのかを試算し、それをすべて管理できなければ仕事になりません。

かりに会社経営になぞらえて説明しましたが、こうしたことはいろいろなプロジェクトを動かしていく場合の、個々のプロジェクトにも当てはまります。いざとなったら自分がすべての作業をこなせることをすれば、会社もプロジェクトもすべてよく理解できます。そして、わからないことが多いのは騙されやすいということでもあります。無駄なコストを生む可能性があります。

人をアテにせず、協力し合う。微妙なところですが、人に依存せずにできることから始めないと、とんだしっぺ返しを食うことにもなりかねません。

また、ベンチャー企業では、仲間と共同経営で起業するケースもよく見られます。もちろん、それはそれで大変素晴らしいことなのですが、よほどしっかりとした信頼関係ができていないと、非常に難しいものがあります。

もちろんひとりでできることには限りがあります。常に人の話に耳を傾け、かつ業務上でも協力関係を築くことは大切です。しかし、それは徐々に拡げていくべきことで、最初からあまり大風呂敷を広げるべきではありません。

●思いついたら即やる

何か新しい事業を起こす場合、とりわけインターネットでは比較的コストがかからないため、アイデアひとつあればすぐに実行に移すことができます。インターネットの世界では先にやり、そのまま先を突っ走ることが勝者の条件のひとつになっています。思いついたら、まず試してみることです。もしそれ自体が失敗しても、次への伏線になることもあります。アイデアと行動力が常に不可欠です。そのとき自社に必要な技術がなくても、特許を取れるような特殊なものでない限り、技術は後で何とでもなります。今はベンチャー企業同士の提携も盛んです。

採算性がもっとも問題になり、もちろん、ある程度の検討は必要ですが、いつまでも考えているとすぐに先にやる会社が出てきます。この世界の回転は非常に速く、その速度は日増しに加速しています。

また、この変化の激しい時代に、数年後を読むことなど誰にもできません。この意味でも、時代の空気を捉えられるのは今と近い将来まででしょう。すぐにやらない限り、タイミングを逃してしまうことにもなりかねません。

マーケティング先進国アメリカでも、システム化して迅速にマーケティングできるようにしたうえで、最終的な判断は人間の直感によるところが大きいという話を、著名なビジネスコンサルタントから聞いたことがあります。

最終的には自分の勘を信じて、自分の発想を一日でも早く形にし、すぐに仕掛けていくことが大切です。

●やりたいことをやる

強いモチベーションは、やりたいことがあって初めて生まれます。ただ「金持ちになりたい」と漫然と考えていても、それが実現することはありません。もちろん、野心があって悪いという意味ではありません。その前に、したいことをするということを置くべきだという意味です。

もちろんビジネスですから、面白いことばかりではありません。しかしそのときも、総体的にしたいことをしているという意識があれば「産みの苦労」と思え、自然に「苦」も軽減されます。自主性も自然に生まれ、トータルで考えると生産性も高まります。責任感も自然に強まります。

また、やりたいことほど自然にどんどん着想が生まれやすいものです。

「趣味と実益を兼ねて」といういい方がありますが、究極の合理性とは、まさにその状態を指すのではないかと、わたしは常々思っています。趣味で食う、というと贅沢な理想論のように感じる人もいるかもしれませんが、趣味のジャンルであるほど自然に豊富な知識を持ち、意欲は湧き、発想も生まれやすい。これ以上の合理性があるでしょうか。オフタイムも仕事のひらめきに満ち、かつそれが苦痛でない状態。

ゆえに、わたしはスタッフたちにも会社のパソコンを貸し出したりして、「とにかくどんどん遊べ」といっています。

もともとパソコンが趣味であるわたしは、これを実践し、そのことで困ったこともありませんし、一応の成長を遂げてくることができました。今後もこのスタイルを崩す気はありません。

当社&筆者のビジョン

●よりデジタルとアナログの融合を目指して

繰り返し述べてきましたが、ＩＴに代表されるデジタル技術はあくまでも道具であり、もっとも肝心なのは人間的なアナログの部分です。いかに道具を有効に使い、人が楽しく、便利で幸福に暮らせるかが重要です。

当社としてもわたし個人としても、今後もこの「デジタルとアナログの融合」ともいえる作業に尽力していきたいと思っています。

その活動の中には、ビジネスとしては成立しにくいものもありますが、何とかして実現したいと思います。とりわけ文化、医療、教育などの分野には個人的にも関心が高いので、そういった分野でできる限り社会貢献していくことはささやかな夢でもあります。

同時にビジネスとしては、中小企業同士が、より連携を深めていくことが必要だと感じています。

●中小企業には連携が必要

中小企業は大手に対抗するためにも連携することが非常に大切です。しかし、出会いを促進する場は限られています。とりわけ、ＩＴ関連とそうでない企業が、業種の垣根を越えて知り合えるような場や団体は非常に少ないのが現状でした。

また、中小企業が格安で受けられる福利厚生サービスや事業支援も限られていました。

こうした背景のもと、「中小企業経営者支援協会 スクエア」が設立されました。「スクエア」は、主にインターネットを利用してサービス提供をしているため会費が安く、またホームページで提供しているサービスなら24時間利用することができます。

当社も入会しています。インターネットが利用できない場合、ファックスや電話などでのサポートもしています。

活動内容は、インターネットを利用した企業同士の出会い促進を中心に、さまざまな事業経営支援、および福利厚生支援、災害補償支援を行っています。

ビジネスには、本当は需要があっても、一時的に余剰になる在庫やサービスがつきものです。内容は素晴らしいのに、それを求める人や企業との出会いがないわけです。この「売りたい」「買いたい」ニーズがせっかくあるのに、そのニーズが出会うことなく終わってしまうという残念なケースが多々あります。こうした、モノやサービスの出会いを促進するインターネット上の「場」のことを一般的に「マッチングサイト」と呼びます。こうしたサイトはすでに沢山ありますが、当団体のサービスは、いわば「ビジネスマッチングサービス／サイト」といえるかもしれません。登録企業はホームページにある会員企業データベースでいつでも閲覧可能です。このほか勉強会や交流会などイベントの開催やIT関連、パソコン関連のさまざまなコンサルティング、事業や商品のプロモーション支援などの事業者支援を行っています。

福利厚生支援は、フリーダイヤルによる医療相談サービスや弁護士相談、カーライフサポートサービス、パソコン教室の受講支援（助成制度）、全国の宿泊施設、飲食店、レジャー施設などの斡旋や優待など多岐に渡り、企業の福利厚生アウトソーシングにもうってつけです。

災害補償支援には大手損害保険会社による補償がなされます。インターネットで簡単に入会できるため、「インターネット共済」とでもいえるかもしれません。

会費は3500円で、それだけで前述した以外にもさまざまなサービスが受けられます。経営者とその家族、従業員が入会できます。

当団体の運営母体は「スクエア事務局」（03-5366-5500 http://www.v-square.net）で、保険会社は「あいおい損保」です。興味のある方は連絡してみてはいかがでしょうか。さまざまな出会いがあるはずです。

●モバイルの時代が来た!

携帯電話の売れ行きにもかげりが見え始めましたが、モバイルツール（携帯電話や小型のパソコンなど、持ち運びできる小型のマシン）は、ビジネスする側から見ると非常に魅力があります。

中高生がみな携帯電話を持ち歩いているほど普及している国なんて、世界中で日本だけです。それだけ、顧客にリーチできるインフラがすでにあるわけです。これを見逃す手はありません。

当社は、携帯電話でのサービスは今まで様子を見てきた部分がありますが、むろん視野には入れています。次世代携帯電話がどこまで普及するかはわかりませんが、もし本当に普及すれば、映像や音楽を楽しめ、インターネットもバンバン利用できるマシンを常に数多くの人が持ち歩くことになります。これは凄いことです。

その応用範囲は広く、一般消費者向けではない、企業向けのサービスも多々考えられます。すでに、現行のインターネットに接続できる携帯電話を利用し、業務を効率化している企業は多数あります。

「出会いサイト」などの迷惑メールが話題になっていますが、モノやサービスを売るだけではなく、ＰＲに役立てるのには確かに有効です。

モバイルツールは、今後インターネットを利用して何かビジネスを始める、または新たなＰＲ方法を考えている人には無視できない話題であり続けるでしょう。むろん、当社でも携帯電話向けのシステムを作ったり、サービスを企画することができます。今はまだ企業秘密ですが、推し進めている企画もあります。

●医療／教育／文化を支援したい

本章の最初に書きましたが、今後はぜひ社会貢献活動もしていきたいと思っています。

とりわけ、より進行する高齢化社会、医療関連で何かできないかと考えています。以前着想し、再度本気で検討し始めているのが「遠隔医療」サービスです。これは、過疎地などの遠隔地でひとりで暮らす高齢者が「ナースコール」ならぬ「ドクターコール」を、家にいながらにしてできるサービスです。たとえば緊急時、どこか集中的に管理するセンターのようなところにボタンひとつで連絡でき、契約している24時間体制の医師が遠隔のまま問診する間に、最も近い場所にある病院や救急車を手配します。そうすることで、電話でまともに話せない状態でも対処でき、また救急車や病院で口答で状態を判断する時間を省け、一刻一秒を争う状態ではかなりの時間短縮になります。

また緊急時でなくても、「診察5分、待ち時間3時間」的な病院に、遠方からわざわざ出向くのはお年寄りにとっては酷でしょう。病院の、あの混雑緩和にも役立つはずです。

必要なものは、やはりインターネットに接続されたパソコンとカメラとマイクくらいのものです。操作をするうえで専用のハードが必要な場合もありますが、いずれにせよそんなに複雑なシステムではありません。
このアイデアを着想した数年前は、ちょうどインターネット黎明期で、当時のインターネットのインフラでは問題があったため、ケーブルテレビが保有する回線と家庭用ゲーム機を利用してやろうかと思いましたが、巨額のコストがかかり、実現できませんでした。しかし、ブロードバンドが当たり前の時代になれば、難しいことではなくなります。

教職の経験があるからではありませんが、やはり教育にも何がしかの形で貢献できたらと思っています。1章にも記しましたが、日本の教育に疑問があるのと、可能性に満ちあふれた子供という存在が好きなので、会社として持っている技術やノウハウ、わたしの知識や経験などを活かして何かできないものかと考えています。現在も、教育用ソフトやシステムの開発などを進めています。具体的には、医療同様のシステムを活用し、「遠隔教育」的なサービスも考えられます。これも、比較的単純なシステムでできます。

また、わたしはもともと音楽が非常に好きなので、売れていない良質のアーティストを支援する活動なども始めています。

●「インターネット託児所」を作りたい

子を持つ者として、わたしも昨今のイジメや園児虐待などのニュースは他人事ではありません。また、託児所での死亡事故なども記憶に新しいところです。それで何かよい方法がないものかと考えていました。それこそ、こうした問題の解決に先端のIT技術を役立てる方法はないものかと。この問題は妻ともよく話すので、子を持つ主婦の意見もだいぶ聞きました。

そこで閃いたのが、常にカメラで中継されている託児所的なスペースです。これならば、インターネットに接続されたパソコンと専用のカメラさえあればすぐにできるので、費用もそんなにかかりません。預けるほうは安心して子を託すことができます。

身元などの問題がありますから、会員制にはしますが、会費は極力抑え、開かれた、誰でも利用できるものにします。

パソコンのほかビデオやおもちゃなども置きます。もし会員に働きたいお母さんがいたら、その人たちに交代制で子供たちの面倒を見てもらうのもいいかもしれません。子供だけではなく、お母さんのパソコンやインターネットへの入り口にもなります。

会員制といっても、基本的に毎日フルタイムで預ける幼稚園や保育園ではないので、スポット的にその都度利用します。友だちと会って息抜きしたり、夫婦揃って出掛けるときだけ利用することもできます。

また、比較的あっさりとしたコミュニティが生まれることも考えられます。子を持つ母にはさまざまな悩みがあります。とりわけ若い主婦は、以前のような井戸端会議も減り、核家族化によってお年寄りの知恵も拝借できず、いわゆる「公園デビュー」もうまくできなかったりして、ひとりで鬱々としている人が増えているようです。毎日は退屈で、しかし重い労働の繰り返しです。こうした悩みや誰かに聞いてほしいという欲求を、インターネットが補っているケースが増え始めています。主婦たちが集うサイトでは、知人ではないゆえにできる会話が交わされています。しかし、それでは足りない面があります。直接人と話し、かつ濃密になり過ぎない付き合いが必要です。

少しこれに近いことを公的機関がやっていたと思いますが、サービスが充実しておらず、あまりいい印象がありませんでした。利用者の声があまり聞かれていない感じがしました。

この件に関してはビジネスとして成功しなくてもいいと思っています。

ただ、いくら低コストでき、ビジネス抜きでもやりたいとはいっても、運営費用が必要です。収益をどう上げていくかということと場所の問題さえクリアできれば、すぐにでも始めたいと思っています。

このようにやりたいことの尽きないわたしですが、今後も好奇心を失わないようにしてさまざまなことに挑戦し、技術と人の掛け橋になれたらと思っています。みなさんとどこかでお会いできるのを楽しみにしています。

アドバンスト・ソフトウェア・ファクトリー 会社案内

会社概要

●会社概要

［会社名称］	株式会社アドバンスト・ソフトウェア・ファクトリー
［設立年月日］	1994年4月25日
［資本金］	1000万円
［会社所在地］	〒160―0022 東京都新宿区新宿1―19―10サンモールクレスト403
［電話番号］	03（3356）0207
［FAX番号］	03（3356）8630
［代表者］	髙橋 栄一
［取引銀行］	三和銀行／東京三菱銀行／他

［URL］ http:// www.asf.co.jp/
［メールアドレス］ support@asf.co.jp
［事業内容］ コンピューターによる情報処理サービス／システムの開発・設計・管理／ネットワーク・システムの開発・設計・管理／ホームページの制作／OA機器の販売／他
［取引団体］ 公共企業団体／各種ユーザー　※別記

主要業務一覧

●インターネット総合サービス

・レンタルサーバー
・独自ドメイン取得代行
・ホームページ制作サービス
・Web&データベースシステム作成
・インターネット接続サービス
・インターネット端末提供
・データベース保管および更新代行
・商品発送代行
・ダイレクトメール発送代行

・FAXダイレクトメール送信代行
・その他のさまざまな委託業務

●その他の業務

・業務コンサルティング
・システム開発
・ネットワーク構築
・データ処理／集計サービス
・マルチメディアタイトル制作
・OA機器、オフィス用品の作成／販売／セットアップ
・総合オフィス環境構築
・ドキュメント作成

・各種企画印刷物制作

主要取引先一覧

●主要取引先

・東電コンピュータサービス株式会社
・東京電力株式会社
・株式会社管理工学研究所
・協同広告株式会社
・株式会社ホンダアクセス販売
・特殊法人国際協力事業団
・株式会社建設・環境研究所

・茨城県庁
・石川県庁
・近畿日本ツーリスト株式会社
・株式会社近畿日本ツーリスト情報システム
・株式会社角川書店
・積水化学工業株式会社
・東京電設サービス株式会社
・特殊法人国際協力事業団海外共済会
・ヤマハ株式会社
・シャープ株式会社
・財団法人水資源協会
・社団法人全国労働基準関係団体連合会
・その他公共団体、民間企業等

主要実績一覧

●ホームページ　※他社と共同制作含む

・日本の宿全軒
・株式会社西川
・帝都典禮株式会社
・株式会社電通恒産サービス
・カナヤマ商会
・東急リゾート株式会社
・らーめん弥七
・イワセ
・日本たばこ産業株式会社

・株式会社千葉銀行
・スタイルアップネット
・桐110番
・インターネットの名刺屋さん
・その他

●業務用システム／その他

・生物調査データマッピングシステム（VB5・0）
・業務改善提案管理システム（ASP）
・総合販売管理システム（桐V7・1）
・寺院総合管理システム（桐V8）
・通信教育受講者総合管理システム（ACCESS97）

・専門学校入学者管理システム（VB）
・人事給与総合管理システム（VB＋Oracle）
・自動車用品彼我比較データベースシステム（ACCESS97）
・社員情報管理システム（ACCESS97）
・会計伝票発行システム（ACCESS97）
・娯楽施設　営業分析システム（Lotus1―2―3）
・動産保険管理システム（ACCESS97）
・共済保険給付システム（桐）
・引越見積書作成システム（桐＋C＋電子手帳のシステムとリンク）
・会員・イベント管理システム（桐）
・通信販売管理システム（桐）
・外貨預金管理システム（桐）
・図書販売管理システム（桐）

・集金代行システム（VB6・0）
・FAX自動送信システム
・自動テレマーケティングシステム（桐＋C）
・総合物流管理システム（VB）
・資金調達支援ソフト（Director）
・医療事務速習講座通信教育パッケージ（CD―ROM＋Web＋教材テキスト）
・イベントプレゼン用CD―ROM（Director）
・商品PR用CD―ROM（Director）
・その他多数

おわりに

本書では、本のコンセプトに基づき、当社のメイン業務でもある、ビギナーのＩＴ導入についての話題を中心に語ってきましたが、実は当社は「何でも屋」です。

当社を支えているのは、いうまでもなく専門性の高いＩＴ関連技術ではありますが、もうひとつ、当社の成長の起爆剤となった要素があります。それは、顧客です。ＩＴ導入をきっかけに知り合った顧客が、プロジェクトが終わったらそれでサヨナラではなく、その後も「ちょっと本作りたいんだけど、できる?」とか「今こんなこと考えてるんだけど、なんかいいアイデアない?」といった感じで相談してくれることが多く、その結果長い付き合いになったり、その顧客が顧客の輪を広げたりしてくれました。

ゆえに、顧客に相談されることは可能な限り何でもやるようにしてきました。その結果、本来のシステム開発・コンサルティング業務以外の、さまざまな業務に手を広げることになりました。

もともとノウハウのあった業務ばかりではないため、その業務をするために人を雇ったり、新たに会社と提携したりと、ほとんど一から始めた業務もあります。当然、そのプロジェクト自体では利益は上がりません。

しかし、前述した通り、無駄にならないどころか当社にさまざまな財産をもたらしてくれました。

当社は、頂いた仕事は絶対に断らないようにしています。「できない」という発想はあらかじめ除外して、「なんとかしてやる」前提で常に臨んでいます。なぜなら、このように、そのプロジェクト自体では利益の上がらない場合でも、徹底して顧客のリクエストに応え、満足して頂くことによって、必ず次に繋がるからです。新たなノウハウを得たり、新たに提携した企業から新規の顧客を紹介されたり、そのプロジェクトは予算がなくても同じ顧客の別のプロジェクトでは利益が出たりすることもあります。

当社では出来ないことでも、他社を紹介したり、他社と一緒に仕事することで対応することもあります。いずれにせよ、単純に断ることはありません。必ず何らかの方法を検討してみます。

実は、保有するＩＴ技術以上に、顧客こそが当社の核になっているのかもしれません。

当社はこれからも「ＩＴを骨格とした何でも屋」として、顧客満足を何よりの目的としながら、さまざまなことにチャレンジしていきます。本書をご覧になって、何か思うところのあった方は、どうぞ何でもお気軽にご相談下さい。

平成13年8月

髙橋　栄一

著者プロフィール

髙橋 栄一（たかはし えいいち）

1966（昭和41）年7月20日、東京都台東区生まれ。東京理科大学理学部化学科卒業。

株式会社アドバンスト・ソフトウェア・ファクトリー代表取締役／有限会社ＩＴソリューション研究所所長／有限会社クリエイトヴィジョン取締役専務

大学生時代に起業、教職を経て現職に。

ＩＴアレルギーを持つ街の商店など、中小企業に対する平易なＩＴ普及啓蒙活動を続けている中小企業の味方。

初心者向けのパソコン教室から、専門性の高いデータベースシステムの講義に至る、多数の講師を務める。

また、自身もさまざまな新規事業を立ち上げ続けており、今後は文化貢献事業への進出も計画中。

ＩＴってインターネットのことじゃなかったの？

2001年12月15日　初版第1刷発行

著　者　髙橋 栄一

発行者　瓜谷 綱延

発行所　株式会社 文芸社

〒112-0004　東京都文京区後楽2-23-12

電話 03-3814-1177（代表）

03-3814-2455（直通）

振替 00190-8-728265

印刷所　東洋経済印刷株式会社

ISBN4-8355-2394-6 C0095